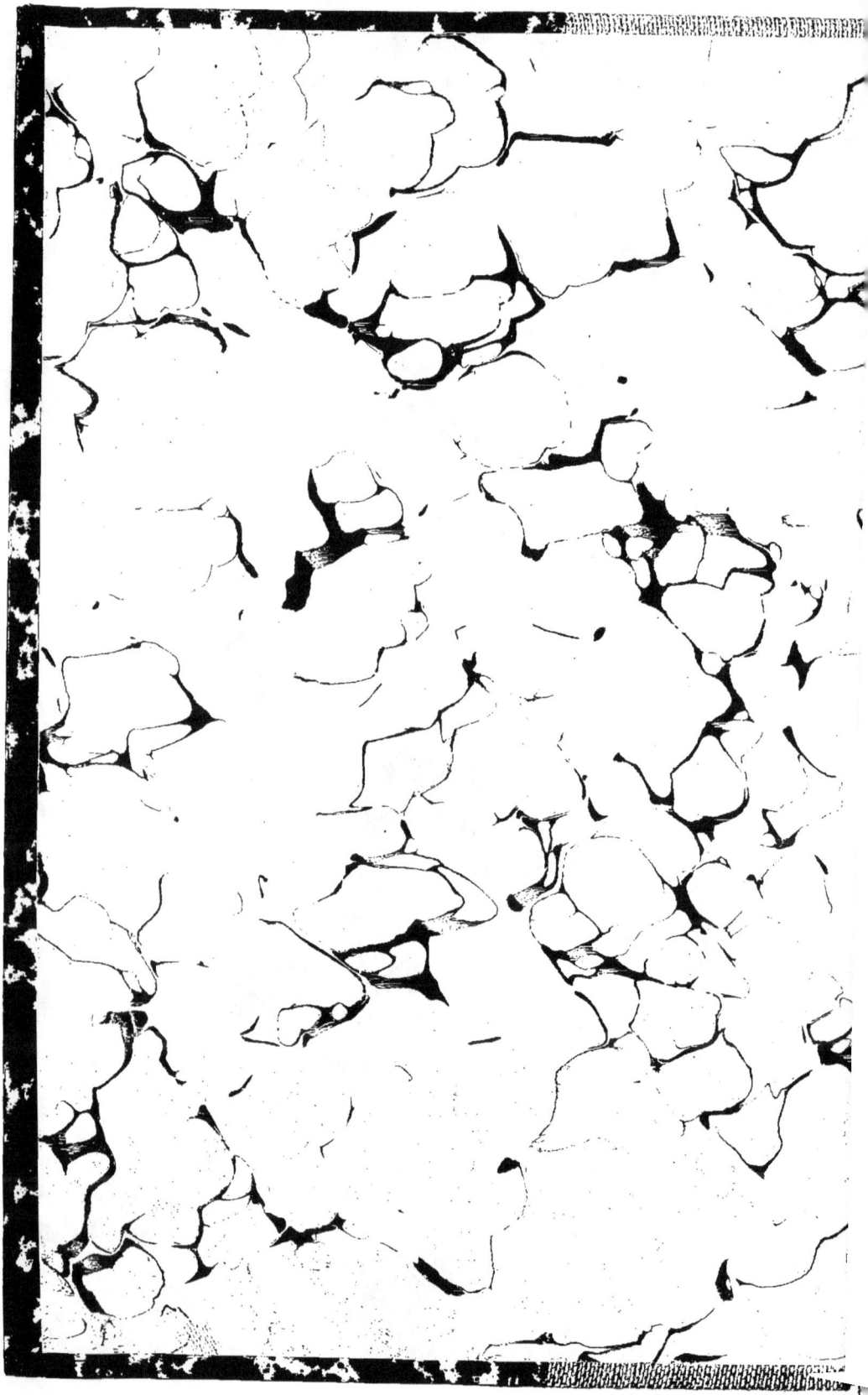

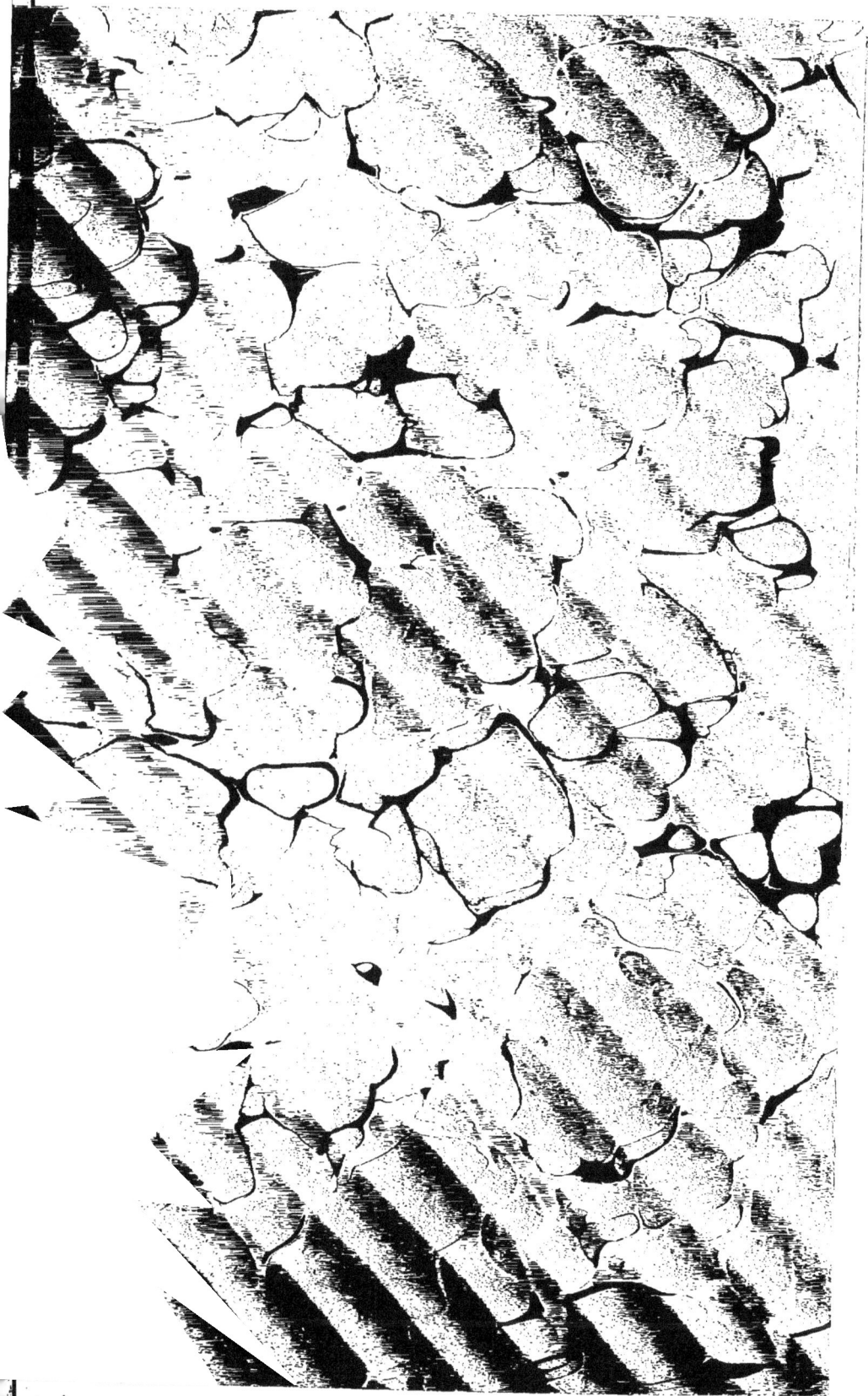

P.A. MATHIEU REL.

UNIVERSITÉ DE FRANCE — FACULTÉ DE DROIT DE DIJON

ÉTUDE

SUR LES

RESTRICTIONS ET DÉCHÉANCES

DE LA

Puissance Paternelle

THÈSE POUR LE DOCTORAT

Soutenue le Samedi 27 Juillet 1895

PAR

PAUL GUERRIER

Avocat à la Cour d'Appel

Lauréat des Facultés de Droit et des Lettres

Lauréat de l'Académie de Législation de Toulouse

Sous la présidence de *M. BAILLY*, doyen

SUFFRAGANTS { MM. DESLANDRES } Agrégés
TISSIER

———————

DIJON

IMPRIMERIE BARBIER-MARILIER

48, RUE DES FORGES, 48

1895

UNIVERSITÉ DE FRANCE — FACULTÉ DE DROIT DE DIJON

ÉTUDE

SUR LES

RESTRICTIONS ET DÉCHÉANCES

DE LA

Puissance Paternelle

THÈSE POUR LE DOCTORAT

Soutenue le Samedi 27 Juillet 1895

PAR

PAUL GUERRIER

Avocat à la Cour d'Appel
Lauréat des Facultés de Droit et des Lettres
Lauréat de l'Académie de Législation de Toulouse

Sous la présidence de M. BAILLY, doyen

| SUFFRAGANTS | MM. DESLANDRES TISSIER | Agrégés |

DIJON

IMPRIMERIE BARBIER-MARILIER

48, RUE DES FORGES, 48

—

1895

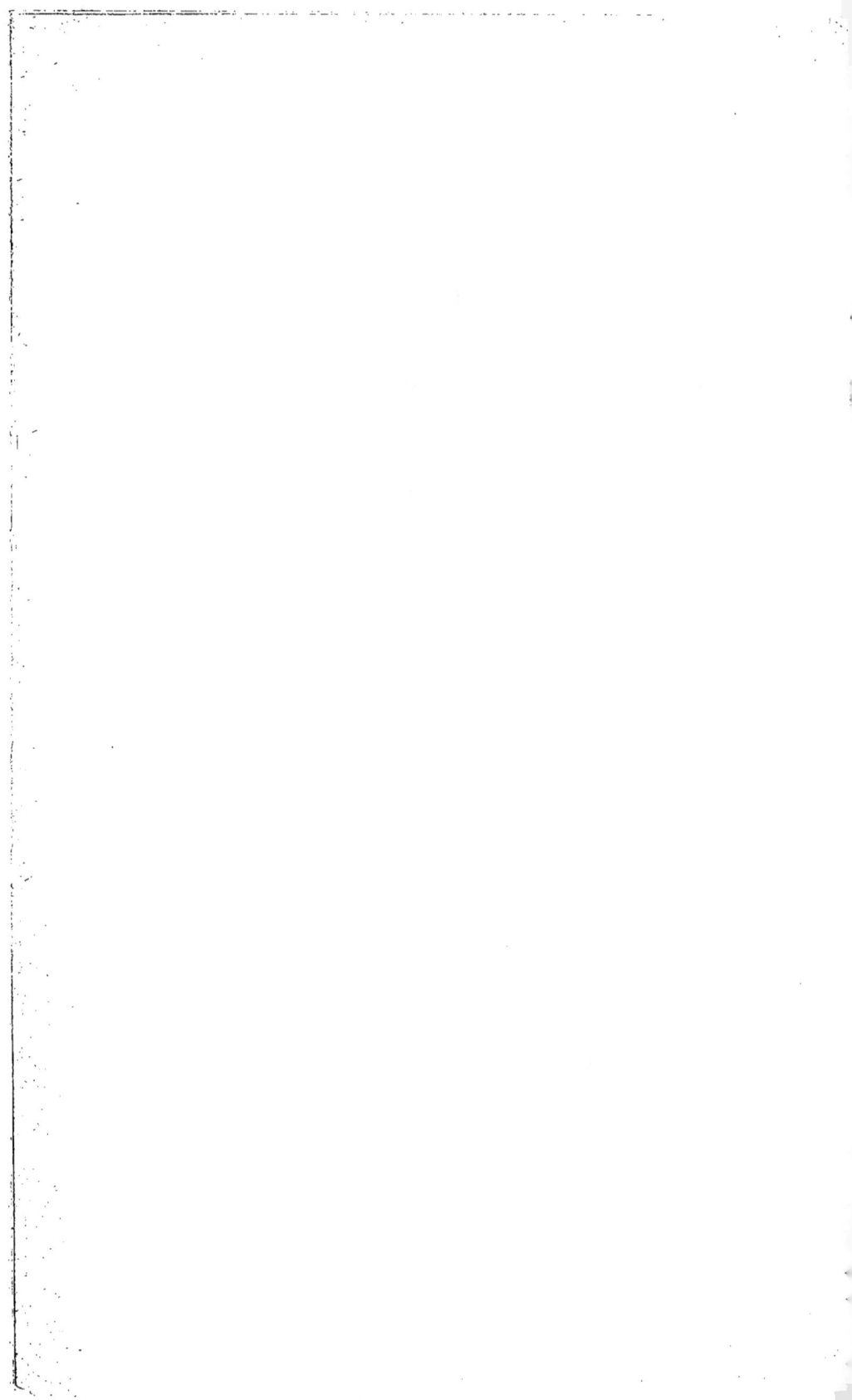

A LA MÉMOIRE DE MA MÈRE

————

A TOUS CEUX QUI ME SONT CHERS

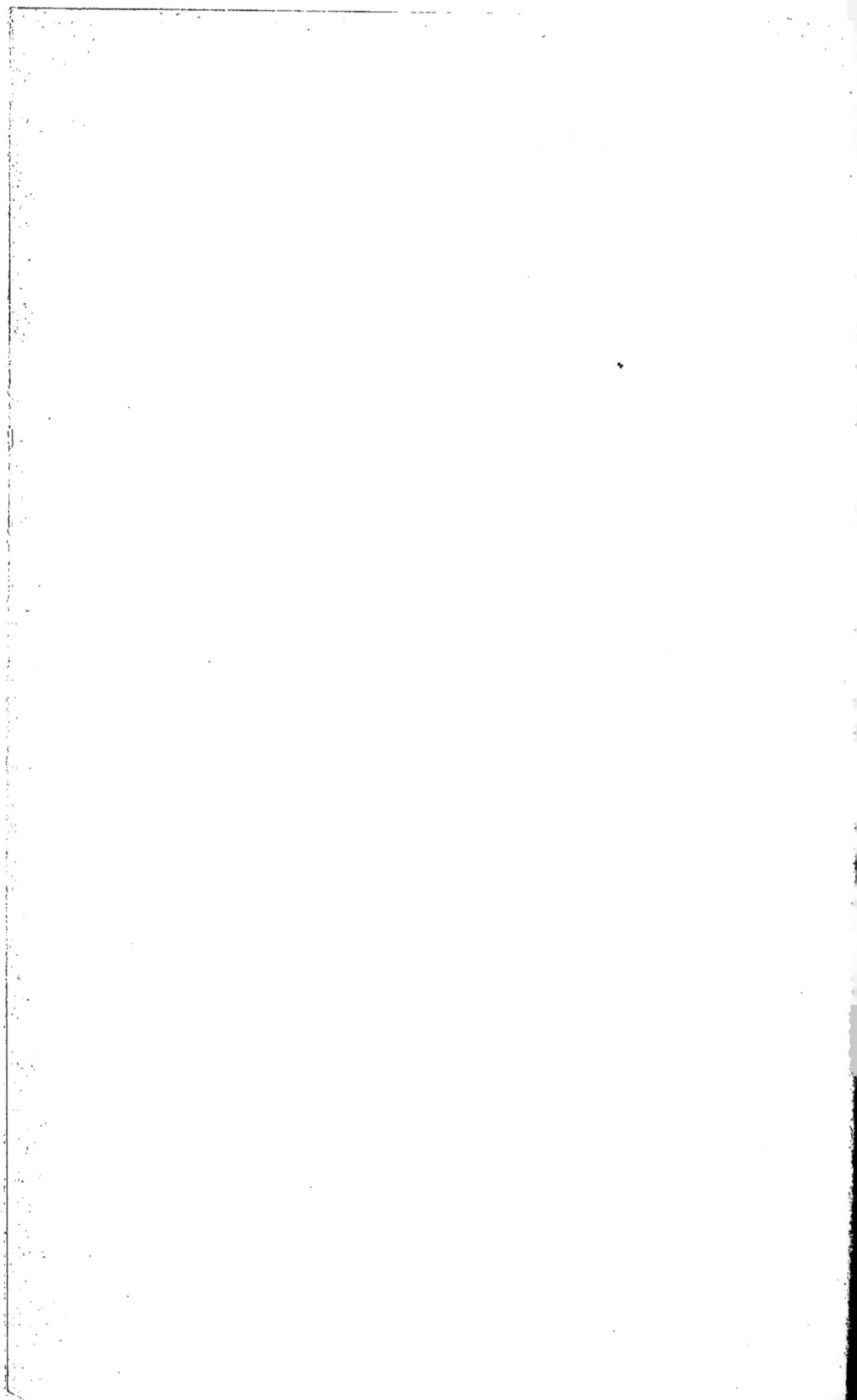

INTRODUCTION PHILOSOPHIQUE

————

1. La puissance paternelle est une institution de droit naturel. Le fait par deux êtres doués de raison de concourir à la procréation d'un enfant les oblige moralement à prendre soin du fruit de leurs relations. Pour accomplir ce devoir, c'est-à-dire pour élever l'enfant issu d'eux, les parents, le père comme la mère, ont besoin d'une autorité, d'une puissance qui leur permette de le diriger et même de contrarier ses inclinations. La nécessité dans laquelle se trouvent les auteurs d'un enfant de faire son éducation est pour eux génératrice du droit d'imposer leur volonté et d'exercer une certaine contrainte pour arriver à cette fin.

2. De droit naturel, le père et la mère ayant les mêmes devoirs ont forcément les mêmes droits corrélatifs à ceux-ci. La puissance paternelle est donc l'apanage des parents sans distinction de sexe.

Mais en fait, partout et toujours, l'homme exerce l'autorité d'une façon prépondérante. Tenant la femme, par elle-même faible et impressionnable, dans sa dépendance, il veut pour elle et agit à sa place. Ce n'est cependant pas seulement cet état de fait que les lois civiles ont consacré en confiant à l'homme l'exercice de la puissance paternelle durant le mariage.

Elles sont parties de cette idée que si l'exercice de cette autorité appartenait à la femme mariée, c'en serait fini du respect et de l'obéissance que celle-ci doit à son mari, respect et obéissance indispensables à une bonne constitution de la famille. Il y aurait là une cause de troubles et de querelles qui ruineraient la déférence de l'enfant envers ses parents et rendraient impossible l'œuvre de ces derniers. Tels sont les motifs pour lesquels, en droit positif, l'exercice de la puissance paternelle, durant le mariage, appartient exclusivement au père.

Ce sont des raisons d'utilité pratique qui ont conduit à cette solution; et ces raisons ne se retrouvant pas si l'on considère, non plus l'*exercice*, mais la *jouissance* de la puissance paternelle, on décidera que la loi positive doit sur ce point se conformer à la loi naturelle et que la mère est investie de cette *jouissance* au même titre que le père.

De même quand les motifs qui ont amené à refuser à la femme mariée l'*exercice* de la puissance auront disparu, par exemple lorsque le mari sera mort, cet exercice doit passer à la mère. Celle-ci en effet a toujours été titulaire du droit, l'existence de son mari mettait simplement un obstacle à l'exercice de ce droit; l'obstacle disparaissant, rien ne s'oppose plus à ce que la mère agisse en vertu du droit qui repose sur sa tête.

3. Ces dispositions rationnelles n'ont point passé dans toutes les législations. Ainsi en droit romain, à l'époque classique, les femmes étaient, en toute hypothèse, exclues de la *patria potestas* ; celle-ci était un *munus virile*, une charge réservée aux hommes ; et on ne concevait pas que, même en théorie, la femme pût en être investie.

Le caractère de la puissance paternelle romaine ne différait pas à ce seul point de vue du caractère de la puissance paternelle de droit naturel. A Rome, la *patria potestas* semble avoir été instituée non en faveur de l'enfant, mais en faveur de l'ascendant : le père acquérait par son fils, voilà le but cherché et atteint ; la protection de l'enfant, son éducation avaient peu préoccupé le législateur.

Les Romains s'étaient trompés sur le but de l'autorité paternelle qui est de permettre aux parents de diriger et de former leurs enfants, dans l'intérêt matériel et surtout moral de ceux-ci.

4. On conçoit facilement, dès lors, que si les ascendants détournent leur autorité de la fin qui est sa raison d'être, c'est-à-dire s'ils laissent leurs enfants livrés à eux-mêmes ou s'ils usent de leur puissance pour les inciter au vice, celle-ci doit disparaître. Le droit naturel qui arme les père et mère pour le bien des enfants ne les arme point pour le mal. C'est là le principe de la déchéance de la puissance paternelle, question grave et importante entre toutes, qui intéresse l'ordre public et les bonnes mœurs et qui, à ce titre, mérite d'arrêter sérieusement l'attention des législateurs.

5. Des jurisconsultes et des philosophes ont contesté le droit pour la loi de prévoir des cas de déchéance de la puissance paternelle, sous prétexte qu'elle ne doit supposer chez le père ni défaillances ni abus d'autorité.

Cependant les abus existent et il est de toute nécessité d'y soustraire l'enfant. Sans doute ce dernier ne doit jamais voir cesser ses devoirs d'honneur et de respect envers ses auteurs ; mais il doit échapper à une puissance dangereuse et néfaste.

Aujourd'hui, il est vrai, il n'y a pas à s'occuper d'une opinion d'après laquelle la puissance des parents ne devrait recevoir aucune atteinte. La tendance n'est plus à fortifier l'autorité paternelle, elle est au contraire à l'ébranler comme on ébranle toute autorité sociale.

6. A une certaine époque on avait prétendu que la puissance du père avait sa source dans un droit de propriété appartenant à l'auteur sur la personne de ses enfants. Cette conception primitive était celle des peuples anciens ; au fond c'était celle des Romains. La déchéance aurait été une sorte d'expropriation.

Cette théorie ne se soutient plus ; elle est absolument condamnée. Mais il en est une autre particulièrement dangereuse qui paraît réunir un nombre croissant d'adhérents : c'est la théorie qui fait de l'enfant la propriété de l'Etat. Le droit de propriété serait, comme dans le système précédent, le fondement de l'autorité paternelle. Seulement le titulaire du droit n'est plus le même ; au lieu du père c'est l'être impersonnel que l'on appelle la Nation. Le père ne conserve son fils qu'à un titre précaire, comme mandataire de l'Etat qui peut le lui retirer quand il le juge à propos.

On voit que ce n'est en réalité qu'un des côtés, une des physionomies de la doctrine socialiste du Dieu-Etat. Cette doctrine est fausse et pernicieuse. Elle est fausse, parce que l'Etat, n'ayant pas donné la vie à l'enfant, ne saurait le considérer comme sa chose, au lieu que les parents ont jusqu'à un certain point sur le fruit de leur union, les droits, mais limités, du créateur sur sa créature. Elle est pernicieuse, car elle aboutit à cette monstruosité : l'Etat fin des individus, alors que l'Etat ne peut et ne doit être qu'un moyen pour l'individu d'arriver à sa fin.

7. L'autorité paternelle a son principe, disons-
no is, dans la procréation. L'Encyclopédie lui donnait
pour base le consentement présumé de l'enfant.
« La naissance des enfants n'assure aucun droit sur
« eux aux parents. C'est le besoin aveugle, souvent
« même l'attrait du plaisir qui produit la conception
« de l'enfant. Sa naissance est même un soulagement
« pour sa mère qui se délivre du fardeau qu'elle tient
« des plaisirs auxquels elle s'est livrée. Les parents
« n'ont donc pas le droit de donner des ordres à leurs
« enfants, bien moins encore d'employer des menaces
« et des châtiments... Mais si un enfant veut son
« mal ? Alors, comme il ne peut désirer son mal que
« par erreur, le devoir des parents est de l'éclai-
« rer (1) ».

L'erreur de cette théorie d'anarchisme et de boule-
versement social est d'avoir vu dans le fait purement
physique de la procréation le fondement de la puissance paternelle ; ce qui est inexact. Les animaux en
effet procréent eux aussi, et ils n'ont pas cette puissance sur leur progéniture. Il est une grande différence entre l'animal et l'homme à ce point de vue :
l'animal dont l'instinct ne s'étend pas au-delà des
actes propres à assurer la génération et la conservation de l'espèce : l'homme doué d'une tendresse infi-
nie pour ses descendants. La puissance paternelle
découle de l'obligation morale d'élever les enfants qui
est inscrite au fond de tous les cœurs.

8. Les rédacteurs du Code civil ont vu dans la
puissance paternelle un droit fondé sur la nature et
confirmé par la loi qui donne aux parents la surveillance de la personne et l'administration des biens

(1) Encyclopédie, v° Enfant.

de leurs enfants mineurs non émancipés. Le législateur de 1804 avait compris que la puissance paternelle se compose plutôt de devoirs que de droits, mais
de devoirs qui exigent pour leur accomplissement la
dépendance du fils vis-à-vis de son père.

9. Toutefois il peut arriver, et malheureusement il
est trop souvent arrivé, qu'un père dénaturé fasse
servir cette dépendance au mal et corrompe son enfant.
N'est-il pas juste alors de soustraire celui-ci à une
puissance organisée seulement pour le bien ? La loi
morale, le droit naturel l'exigent. Dieu, que nous
retrouvons à la base de toute autorité parce que tout
pouvoir émane de lui, n'a-t-il pas lui-même formulé
cette règle : « Il vaut mieux obéir à Dieu qu'aux
hommes ? ».

Telle est la cause rationnelle de la déchéance de la
puissance paternelle.

PREMIÈRE PARTIE

ÉTUDE HISTORIQUE

10. Trois chapitres composeront cette partie qui est destinée à montrer l'évolution de la déchéance de la puissance paternelle en droit romain, dans notre ancien droit français et enfin sous la législation intermédiaire.

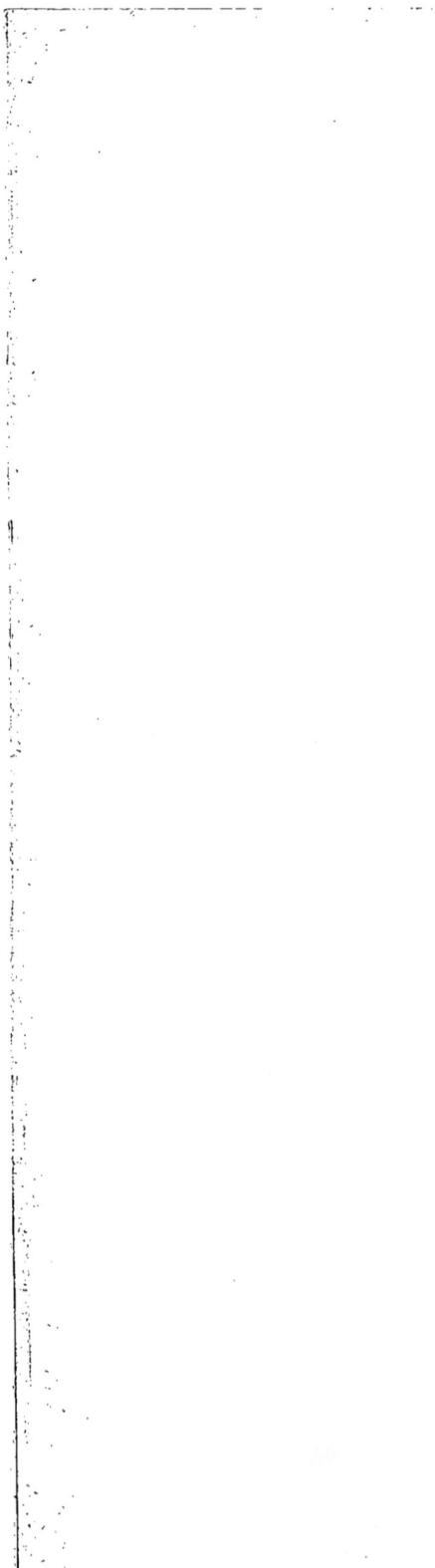

CHAPITRE PREMIER

Droit Romain

11. On sait quelle était la puissance paternelle dans cette ville de Rome où la constitution de l'Etat reposait directement sur la constitution de la famille. La famille y formait une véritable société fortement organisée à la tête de laquelle se trouvait un chef investi d'une juridiction même criminelle : le *pater-familias*.

Retracer le tableau des droits constituant la *patria potestas* est inutile. Rappelons seulement que la *patria potestas* n'appartient pas toujours au père sur ses enfants ; il peut se faire, en effet, que le père soit lui-même en puissance, auquel cas ses enfants se trouvent être. eux aussi, en la puissance de celui dont il dépend. En un mot, la puissance paternelle à Rome n'est pas attachée à la qualité de parents ; elle n'a point son fondement dans la nature.

Ces questions, au surplus, ne doivent point nous retenir ; elles sont assez connues et ne rentrent pas, du reste, dans le cadre de cette étude.

12. La *patria potestas* prenait fin par la volonté de celui qui en était investi ou sans sa volonté : par sa volonté, au cas d'émancipation et d'adoption dont nous n'avons pas à nous occuper ; sans sa volonté, alors il faut distinguer si la dissolution de la puissance paternelle avait lieu *ex parte filii* ou *ex parte patris*. C'est cette hypothèse seule que nous devons étudier.

Le *paterfamilias* perd sa puissance quand il subit une *maxima* ou *media capitis deminutio*; il la perd encore quand il est forcé d'émanciper ceux qui sont en sa puissance, quand il les expose, quand il les vend.

SECTION Ire. — Le pater familias encourt une capitis deminutio maxima.

13. La *maxima capitis deminutio* suppose la perte de la liberté et par voie de conséquence celle de la cité. Encourt donc une *capitis deminutio maxima* le *paterfamilias* qui devient *servus pœnæ*; qui affranchi est condamné comme ingrat envers son patron : qui s'est laissé vendre pour prendre part au prix (Instit. I, xvi, § 1) (1).

Les condamnations entraînant la servitude de la peine étaient les condamnations au dernier supplice c'est-à-dire les condamnations *ad bestias* et les condamnations *ad metalla*.

14. Il faut bien remarquer que la perte de la

---

(1) Le citoyen pris par les ennemis perdait-il sa *patria potestas*? A première vue la solution affirmative semble ne faire aucun doute, puisqu'il devenait certainement esclave. Mais cet effet de la servitude était modifié par la fiction du *jus postliminii*. En effet son état se trouvait soumis à une véritable condition suspensive, celle de son retour. Si celui-ci avait lieu, le citoyen rentrait dans tous ses droits, parmi lesquels la *patria potestas*, et était censé ne les avoir jamais perdus. Si au contraire il mourait en captivité, il devait, en droit strict, être considéré comme esclave depuis le moment où il avait été pris et par conséquent comme ayant perdu dès cette époque les droits attachés à sa qualité de *paterfamilias*. — Depuis la loi *Cornelia Testamentaria* rendue sous Sylla, le captif mort chez l'ennemi était regardé comme mort du moment où il avait été fait prisonnier. (Dig. 49, 15, 16, f. Ulp. — Ib. f. 18).

patria potestas, conséquence certaine de ces condamnations, n'en était cependant pas la conséquence directe, pas plus qu'elle n'était l'effet direct de la condamnation de l'affranchi ingrat ou de la vente qu'on aurait laissé faire de soi-même pour partager le prix. Le *paterfamilias* n'était pas déchu comme indigne de sa puissance parce qu'il avait commis un crime capital faisant présumer l'oubli de ses devoirs de père. Se placer à ce point de vue serait inexact. L'effet direct, voulu, des condamnations *ad bestias* et *ad metalla* est uniquement la perte de la liberté; le condamné devient esclave de la peine (*servus pœnæ*) (1). Si l'exercice de la *patria potestas* était compatible avec la qualité d'esclave, nul doute qu'il eût été conservé; le condamné en est privé uniquement parce qu'un esclave ne saurait être considéré comme citoyen et jouir des droits de ce dernier au nombre desquels se trouve la *patria potestas*. Aussi ne serait-il pas juste de dire qu'il y ait là une déchéance de la puissance paternelle romaine; c'est exactement la déchéance du *jus civitatis* qui ne peut appartenir qu'à un homme libre.

15. A partir de Justinien la condamnation *ad metalla* n'entraînait plus la dissolution du mariage, des *justæ nuptiæ* propres aux seuls citoyens romains (2). Faut-il en conclure que le condamné conservait son *jus civitatis* et par suite la *patria potestas*? Non. Il paraît certain au contraire que dans le dernier état du droit le citoyen romain condamné *ad metalla* était privé de sa puissance sur ses enfants parce qu'il se trouvait déchu de son droit de cité. Nulle

---

(1) Ces observations s'appliquent aussi à l'affranchi ingrat ou à celui qui s'est laissé vendre pour prendre part au prix.

(2) Dig. 5, § 1. XLVIII, 20.

part en effet Justinien ne décide que la condamnation
ne fera plus perdre le *jus civitatis;* il se borne simplement, dominé par la doctrine chrétienne de l'in-
dissolubilité du mariage, à déclarer qu'exceptionnellement et par mesure de faveur le condamné perdant
tous les droits dont l'ensemble constitue le droit de
cité conservera néanmoins le titre de *vir* ou d'*uxor*.
D'ailleurs comment pourrait-on admettre que la condamnation *ad metalla*, si au-dessus dans l'échelle
des condamnations, quant à sa sévérité, de celle à
la déportation, n'aurait pas entraîné la perte de la
patria potestas, alors que la seconde l'entraînait toujours, ainsi que nous allons le voir?

SECTION II. — Le paterfamilias encourt une capitis deminutio media.

16. La liberté subsiste; il n'y a pas servitude; le
droit de cité seul est perdu et avec lui la *patria potestas* qui, en vertu de son caractère d'institution *jure
civili*, ne peut appartenir qu'à un citoyen romain sur
un autre citoyen romain, *nec enim ratio patitur,
ut peregrinae conditionis homo civem romanum
in potestate habeat* (1).

La *capitis deminutio media* était la conséquence
de certaines peines : l'interdiction de l'eau et du feu
(formule de bannissement perpétuel) et la déportation
dans une île d'où le condamné ne pouvait sortir sous
peine de mort (2). Les enfants ou descendants du

---

(1) Gaïus, I, § 128. — Ulp. Reg. X, § 3.
(2) Institut., 1, XVI, § 2. — L. 6 Ulp. Dig. XLVIII, 22. De
interdict. — Il faut ajouter, bien que les Institutes n'en parlent
point, le cas où le *paterfamilias* cesse d'être citoyen par
l'effet de toute autre condamnation ; par ex. : le *paterfamilias*
livré à l'ennemi et accepté par lui pour avoir frappé et injurié
un ambassadeur, ou avoir conclu un traité honteux.

banni ou du déporté cessent donc d'être *in potestate
ejus*, absolument comme s'il avait cessé de vivre.

Si les déportés se trouvaient déchus de la *patria
potestas*, il n'en était pas de même des relégués, la
relégation n'entraînant jamais la *media capitis deminutio*, qu'elle fût perpétuelle ou temporaire (1)
Les relégués conservaient donc la *patria protestas*,
nous apprend Marcien dans un fragement inséré au
Digeste (2), *quia et alia omnia jura sua retinent*.

L'effet de la déportation n'était pas irrévocable. Le fils
pouvait retomber en la puissance de son père, si celui-
ci obtenait de l'empereur des lettres de grâce pleine
et entière, ce qu'on appelait la *restitutio in integram*
ou *per omnia* (3). Dioclétien et Maximien avaient,
dans une constitution (4), décidé que si le père ne demandait pas spécialement *ut liberos in potestatem
reciperet*, il ne pourrait acquérir l'avantage d'une
hérédité par ses enfants ; c'était dire que la *patria
potestas* ne serait rendue qu'au condamné qui en ferait
la demande. Constantin ne sanctionna pas cette disposition ; il ordonna que celui auquel sa dignité et ses
biens seraient rendus, verrait ses enfants retomber *in
potestate* (5). Justinien consacra ce système (6).

17. Nous venons de voir qu'à Rome le *paterfamilias* qui s'était rendu indigne d'exercer les droits
de citoyen et avait en vertu d'une condamnation perdu
le droit de cité, n'avait plus ses enfants *in potestate*.
Etait-ce dans l'intérêt des enfants ? Cela paraît peu

---

1) L. 7, § 3. Ulp. Dig. XLVIII, 22. De interdict.
(2) L. 4. |Marc. Dig. XLVIII, 22. De interdict. — Voyez
aussi Institut. I, XII, § 2.
(3) Instit. I, XII, § 1. — L. 1, Code IX.51. De sentent. pass.
(4) L. 9. Code IX.51. De sentent. pass.
(5) L. 13. Code IX.51. De sentent. pass.
(6) Institut. I, XII, § 1 in fine.

probable. On jugeait simplement le coupable indigne du titre de *civis Romanus* et on le lui enlevait avec tous les droits qui s'y rattachaient. La privation de la *patria potestas* lui était d'ailleurs un surcroît de peine puisque ses enfants, devenus *patresfamilias* ou ayant passé en la puissance d'un autre, acquéraient non plus pour lui mais pour eux-mêmes ou pour cet autre.

Plus tard, quand on eut compris que la puissance paternelle impliquait des devoirs et qu'elle devait s'exercer surtout dans l'intérêt de l'enfant (1), on considéra avec raison qu'il était certaines hypothèses, en dehors de toute condamnation, où l'indignité du père exigeait qu'on lui enlevât toute autorité sur ses enfants. On voulait d'une part punir le père oublieux de ses devoirs, d'autre part soustraire l'enfant à son influence mauvaise. Sur ce double motif repose l'institution de l'émancipation forcée.

SECTION III. — De l'émancipation forcée.

18. A Rome l'émancipation faisait sortir l'enfant de la famille et l'affranchissait de la puissance de son père. Elle s'opérait, on le sait, au moyen de trois mancipations successives à la suite desquelles le fils passait sous la puissance d'un tiers qui l'émancipait lui-même ou le rémancipait au père (2). La loi avait considéré ces mancipations comme un abus de la *patria potestas* (3) et avait jugé que cet abus devait la faire cesser.

(1) *Patria potestas in pietate debet, non atrocitate consistere.* L. 5. Dig. in fine XLVIII, 9. De lege Pomp. de parricid.

(2) Pour une fille ou des petits-fils une seule mancipation suffisait.

(3) Voyez Esprit du Droit Romain par von Ihering, trad. de M. O. de Meulenaere, II, p. 180.

19. Dans le droit classique personne ne pouvait forcer le *paterfamilias* à émanciper son fils. Un père dénaturé conservait donc son enfant en sa puissance. Il est vrai qu'en fait on veillait à ce que les abus de la *patria potestas* ne portassent aucun préjudice à la République ; les censeurs étaient chargés de ce soin.

C'était insuffisant. L'enfant n'était pas protégé contre le père vicieux ou brutal. Les empereurs comprirent cette lacune.

20. Depuis Trajan, le père qui maltraite son fils, *quem pater male contra pietatem adficiebat*, est forcé de l'émanciper de par la volonté impériale (1). Théodose et Valentinien décident que les pères qui contraignent leurs filles à la prostitution doivent les émanciper (2). La fille mise en demeure de pécher n'a qu'à implorer le secours des évêques pour être délivrée de la triste nécessité qui lui est imposée (3). La loi va même plus loin dans cette voie : elle décide que si les pères ont forcé leurs enfants à pécher malgré elles, ce qui est bien plus grave que la simple séduction, ils perdront non seulement leur puissance, mais *proscripti, pœnæ mancipentur exilii, metallis addicendi publicis* (4) ils encourront une *capitis deminutio*.

L'émancipation forcée n'avait lieu que dans des hypothèses limitativement prévues par les décisions impériales (5). On ne doit pas en effet perdre de vue

---

(1) L. 5. Dig. XXXVII.12. Si a parent. quis man. sit.

(2) L. 6. Code XI.40. De spect. et scen.

(3) L. 12. Code I.4. De episc. audient.

(4) L. 6. Code XI.40 De spect et scen.

(5) Citons encore comme hypothèse d'émancipation forcée celle où un impubère prouve, arrivé à la puberté, que son adrogation lui a été désavantageuse. Dans ce cas il peut exi-

cette idée toujours exacte même sous l'empire, à
savoir que les Romains préféraient voir les enfants
subir une injustice de leurs pères que ceux-ci traînés
en justice par ceux-là sans les motifs les plus graves
et les plus impérieux (1).

21. Le peuple romain était donc arrivé à empê-
cher dans une certaine mesure les abus de la puissance paternelle en transformant, suivant son habitude, une institution ancienne. Mais il ne faut pas se
faire d'illusion : l'émancipation forcée n'était point
une déchéance de la *patria potestas*. Qu'est-ce que
la déchéance de la puissance paternelle ? C'est la
privation à titre de peine, pour celui qui en est
investi, des droits de la puissance paternelle. L'émancipation forcée au contraire est la renonciation faite
par le *paterfamilias* aux droits que lui confère sa
patria potestas sur la personne de tel enfant déterminé. renonciation forcée, il est vrai, mais renonciation, c'est-à-dire acte de volonté pour se dépouiller.
Le point commun entre la déchéance de la puissance
paternelle et l'émancipation forcée romaine est que
toutes deux protègent l'enfant contre les abus d'autorité de son auteur.

SECTION IV. — De l'exposition des enfants.

22. C'était autrefois une coutume à Rome, comme
chez tous les peuples italiques primitifs, d'exposer

---

exiger son émancipation qui lui fait retrouver sa situation
juridique antérieure c. a. d. qu'il redevient *sui juris* et échappe
à la *patria potestas* de l'adrogeant. — D'après M. Accarias
(Précis de Droit romain, I, p. 256, note 1) un simple préjudice
moral aurait suffi pour autoriser l'adrogé à demander son
émancipation.

(2) Voir R. von Ihering. trad. de M. O. de Meulenaere. Esprit du Droit Romain, II, p. 195, note 315.

dans les temples ou sur la voie publique les enfants, principalement ceux qui étaient difformes. En les abandonnant le père ne violait aucun devoir puisque dans le principe la *patria potestas* n'impliquait que des droits en sa faveur, il usait du *jus vitæ necisque* que lui reconnaissait la loi.

23. Avec le temps cette notion brutale de la puissance paternelle s'adoucit. On entrevoit que l'autorité est donnée au père dans l'intérêt de l'enfant. Le premier devoir du *paterfamilias* sera de nourrir sa progéniture ; il est inscrit dans une constitution des empereurs Valentinien et Gratien, *unusquisque sobolem suam nutriat* (1).

Ce nouveau principe devait inévitablement amener la prohibition du procédé barbare de l'exposition. Ne soyons donc pas surpris de voir Constantin décider que le père qui expose son enfant perd de plein droit sa puissance lorsque l'enfant a été recueilli. Il se fait alors comme une transmission de puissance du père au citoyen charitable qui a pris soin de l'enfant, avec cette distinction que la puissance acquise à ce citoyen sera, à son gré, la puissance paternelle ou la puissance dominicale, *sive filium, sive servum esse maluerit* (2). Justinien déclara que l'enfant exposé serait *sui juris* (3).

Nous avons là un exemple de véritable déchéance de la puissance paternelle imposée comme peine au père qui méconnaît ses devoirs et refuse de nourrir son enfant. Et à cette peine pour le père vient s'ajouter une mesure de protection pour l'enfant abandonné

---

(1) Loi 2, Code VIII, 52.
(2) Loi 1. De exposit. Code Théod. V, 7.
(3) Loi 3. Code. De infant. exposit. VIII, 52.

lequel non seulement est soustrait à l'autorité paternelle, mais encore n'a pas à craindre de retomber en
la puissance de la personne qui le recueillera.

SECTION V. — Vente de l'enfant par son père. Abandon noxal.

24. La mancipation d'un enfant par son père était
un moyen d'émancipation. En dehors de cette hypothèse elle se présentait dans la pratique lorsque les
parents se trouvaient dans une extrême misère et au
cas de délit commis par l'enfant.

Il arrivait souvent qu'un père dans le besoin recou-
rût à la mancipation de son enfant pour se procurer
quelques ressources. Cette vente ne nuisait pas à l'in-
génuité de l'enfant, *qui contemplatione extremœ
necessitatis aut alimentorum gratia filios suos
vendiderint, statim ingenuitatis eorum non prœ-
judicant : homo enim liber nullo pretio œstima-
matur* (1).

Caracalla déclara cette vente illicite et improbe (2).
La prohibition fut renouvelée d'une façon générale
par Dioclétien et Maximien qui disent que cela est du
droit très manifeste, *manifestissimi juris est* (3).

Constantin, dans le but probable d'éviter les infan-
ticides, tout en renouvelant la prohibition, autorisa la
vente des enfants au moment de leur naissance,
adhuc sanguinolentes. Le père pouvait toujours se
faire restituer son fils à condition de rembourser à
l'acquéreur le prix reçu ou de lui fournir un esclave

---

(1) Paul Sentent. V, 1, § 1er.
(2) Loi 1. Code. De liber. caus. VII, 16.
(3) L. 1. Code. De patr. qui fil. suos distr. IV, 43.

d'une valeur suffisante pour l'indemniser (1). Ce dernier droit a été conservé dans la législation de Justinien par son insertion au Code (2). On avait pensé que le père qui poussé par la nécessité avait vendu son fils, était excusable et ne devait pas perdre irrévocablement son autorité.

25. Au contraire, au cas d'abandon noxal, c'est-à-dire au cas où l'enfant ayant commis un délit le père l'abandonnait à la victime à titre de réparation, la solution était plus rigoureuse. La différence entre les deux situations est rationnelle : un père poussé par la faim peut beaucoup plus facilement oublier ses devoirs qu'un père dont le fils a commis un délit et qui au lieu de le punir et de réparer le préjudice, préfère de sang-froid livrer son enfant à la victime.

L'abandon noxal, *deditio noxalis*, existait seulement en droit classique. Il ne transportait pas à la victime du délit la propriété, mais uniquement la puissance connue sous le nom de *mancipium*. Les jurisconsultes romains partent tous de cette idée que le père devait définitivement éteindre sa *patria potestas*.

Lorsque les acquisitions faites par le fils abandonné avaient réparé les conséquences du délit, il pouvait exiger sa *manumissio* en recourant au préteur. L'acquéreur du *mancipium* n'était pas tenu de l'*action fiduciæ*, nous apprend Papinien (3) ; cela veut dire que le père ne pouvait exiger que son enfant lui fût remancipé afin de l'affranchir lui-même et de se

---

(1) L. 1. Code Théod. De his qui sanguinol. V, 8. — Fragm. Vatican. 34.
(2) L. 1 et 2. Code. IV, 43.
(3) Coll. leg. mosaic. tit. II, cap. III.

procurer ainsi les *jura patronatûs*. Une convention formelle en ce sens aurait été nulle ; on avait voulu que l'enfant ne retombât à aucun titre sous l'autorité de son père.

26. Une objection pourrait s'élever : y a-t-il réellement, dira-t-on peut-être, au cas d'abandon noxal, déchéance de la puissance paternelle, puisque c'est le père qui de plein gré abandonne son fils à la victime du délit ?

L'affirmative ne saurait faire de doute. La loi dit au père : « Si tu abandonnes ton enfant, je te dessaisirai pour toujours de la *patria potestas* dont tu n'es plus digne ». Quand même le père accepte cette condition, il n'en est pas moins vrai qu'il subit la peine attachée à l'abandon de son fils et qu'il est dessaisi, quelles que soient sa volonté contraire et les conventions qu'il ait pu passer avec la victime. C'est bien, ce nous semble, une déchéance véritable.

Sous Justinien l'abandon noxal du fils de famille est absolument supprimé (1).

_____

(1) Institut. IV. De nox. act. 8. § 7.

CHAPITRE II

Ancien Droit

27. Aussi bien dans les pays de coutume que dans ceux de droit écrit la puissance paternelle est fortement organisée. C'est pourquoi il ne faut pas se méprendre sur le sens de la maxime *puissance paternelle n'a lieu;* elle ne signifie pas que dans la France coutumière le père n'a aucun pouvoir légal sur ses enfants; elle repousse simplement l'institution de la *patria potestas* romaine telle que le droit impérial l'avait léguée aux provinces méridionales.

Dans les pays de droit écrit nous retrouvons, en effet, la vieille *patria potestas* apanage du père en faveur duquel elle est instituée. Sauf exception l'enfant reste *in potestate* jusqu'à la mort de son père, et comme à Rome il acquiert pour son auteur. La puissance paternelle est rigoureuse, elle devient même dure et cruelle quand chez certains individus elle n'est pas tempérée par l'affection.

En droit coutumier cette puissance était de même absolue et forte; les mœurs l'avaient solidement établie et, dans certains cas, par exemple en matière de consentement à donner au mariage ou en ce qui concerne les vœux forcés, le droit d'aînesse avait contribué à la faire dégénérer en tyrannie.

En résumé, dans l'ancienne France le père avait

beaucoup de droits consacrés soit par la loi, soit par la coutume. soit par les mœurs, et peu de devoirs vis-à-vis de sa progéniture.

28. L'enfant toutefois n'était pas à la discrétion du père. Lorsque celui-ci abusait de son autorité ou perdait sa capacité pour une cause quelconque, son fils se trouvait libéré d'une puissance que le père était désormais indigne ou incapable d'exercer.

Ainsi que l'attestent de nombreux monuments de jurisprudence, la magistrature était le pouvoir modérateur et de haute surveillance afin de maintenir la puissance paternelle dans les bornes de justice et de moralité dont elle ne doit pas s'écarter. « S'il faut « prendre garde de détruire l'autorité paternelle, il « faut prendre garde aussi d'établir la tyrannie », remarquait l'avocat général de Calissane (1).

29. Le droit écrit s'inspirant du droit romain, notamment des loïs 13 Cod. *De sententiam passis* ix-51 et 6 Cod. *De spect.et scen.* xi-40, reconnaît que le père qui a maltraité outre mesure ses enfants, les a abandonnés, leur a refusé des aliments, les induit au mal ou les excite à la débauche, peut être contraint par la justice à les émanciper. Les tribunaux pouvaient même déclarer la déchéance de l'un des droits dont l'ensemble constitue le droit de puissance paternelle.

Graverol (2) écrit : « Quoique les enfants soient sous « la puissance de leur père, ils peuvent s'en tirer « quand ils en sont extrêmement maltraités, surtout « quand c'est à cause d'une marâtre que leur père « leur a donnée par un second mariage ».

Conformément à ces principes un arrêt de la Grand

---

(1) Merlin. Répert. v° Puissance paternelle, sect. III, § 1.
(2) Sur la Roche Flavin, liv. III, tit. 5. v° Serviteur,

Chambre du Parlement de Toulouse en date du 31 janvier 1675 permit aux enfants d'un procureur des gabelles nommé Rège, de se séparer de lui et de se mettre entre les mains d'un oncle paternel, à cause des mauvais traitements auxquels ils étaient en butte de la part de leur père.

30. Ce pouvoir modérateur que s'attribuait la justice n'était pas réservé aux seuls pays de droit écrit. Les pays de droit coutumier avaient sur ce point subi l'heureuse influence du droit romain impérial. Aussi nous voyons rapporté dans Merlin (1) un arrêt du Parlement de Bretagne, du 26 avril 1559, statuant sur l'espèce suivante : Une certaine Jeanne Lanté, battue par son père à l'occasion d'un nommé Daniel, se plaint à la justice qui l'autorise à faire la preuve des faits allégués. Cette preuve faite, Jeanne Lanté obtint la permission de se séquestrer, pour se mettre à l'abri des coups que lui prodiguait son père. Appel de celui-ci au Parlement de Bretagne. Sur cet appel intervint un arrêt mettant les parties hors de cour et ordonnant que la fille serait tenue de rentrer dans la maison paternelle, moyennant la condition d'y être bien traitée, avec défense au père de ne plus sévir contre elle de cette manière à peine de 500 livres d'amende et de prison.

Pothier, lui-même, nous apprend du reste (2) que les mauvais traitements et le refus des choses nécessaires peut donner lieu à un ordre du juge confiant l'éducation des enfants à d'autres personnes de la famille que les parents, et à une condamnation desdits parents à payer pension.

---

(1) Merlin. Réport. v° Puissance paternelle, sect. III, § 1.
(2) Du contrat de mariage, n° 384.

Un ouvrage publié en Bourgogne en 1751 (1) contient une disposition formelle sur les pères qui maltraitent leurs enfants, les corrompent, les abandonnent. Le § 30 du traité de la puissance paternelle est ainsi conçu :

« Il y a plusieurs cas où le père peut être contraint
« à émanciper ses enfants, comme si on lui fait un
« legs à cette condition et qu'il l'accepte... S'il les
« maltraite avec excès (ce qu'il ne faut pas entendre
« des corrections sévères)... S'il corrompt leurs
« mœurs et les engage au mal... S'il les abandonne
« ou leur refuse des aliments. »

31. Le pouvoir judiciaire intervient donc dans les pays de droit écrit et dans les pays de coutume, soit à titre gracieux pour ainsi dire, soit à titre pénal, afin de réprimer les abus de la puissance paternelle. Au premier cas, il force le père à émanciper l'enfant ; au second, il retire directement au père tout ou partie de ses droits.

32. A côté du père privé de son autorité pour avoir violé ses devoirs de père, il faut placer le père privé de son autorité parce qu'il est devenu incapable de l'exercer ; j'ai voulu parler du père qui a encouru la mort civile.

On sait déjà qu'à Rome la *maxima capitis deminutio* entraînait pour le *pater familias* la perte de la *patria potestas*. La mort civile, dans notre ancien droit, produisait le même effet ; retranchant le condamné de la société, elle dissolvait la puissance paternelle. *Mors civilis æquiparatur naturali*. Voilà le

---

(1) Traité sur diverses matières du droit français à l'usage du duché de Bourgogne et des autres pays qui ressortissent au Parlement de Dijon par feu Gabriel Davot, avec notes de Mᵉ Jean Bannelier, 1751.

principe. De même que celui qui est mort naturellement ne peut plus exercer l'autorité paternelle, de
même le mort civilement perd toute puissance sur ses
descendants ; il n'existe plus. Le droit coutumier
exagérait encore la fiction : l'enfant ne succédait
pas à son père, les biens de celui-ci étaient dévolus au
fisc.

Etait donc privé de la puissance paternelle tout
père condamné à une peine emportant mort civile,
c'est-à-dire tout père condamné à la mort naturelle
ou à une peine équivalente *aliàs* à une peine perpétuelle : les galères à perpétuité, le bannissement perpétuel hors du royaume ou pour les femmes la
réclusion perpétuelle, la prison perpétuelle (1).

Tel était l'état de la législation et de la jurisprudence
quand survinrent les événements de 1789.

---

(1) La prison perpétuelle emportait mort civile d'après Richer
(traité de la mort civile), Legrand (Cout. de Troyes, glose 1,
n° 47), Guy Coquille (Quest. 19, art. 8, ch. 2 de la coutume de
Nivernais) et Bourjon (cité par Merlin. Répert. v° mort civile
§ 1, art. 2). — Rousseau de Lacombe était d'un avis contraire
(Traité des matières criminelles).

L'exil et la captivité résultant des lettres de cachet n'entraînaient pas la mort civile, car ces peines n'étaient pas nécessairement perpétuelles, les circonstances pouvant déterminer le
prince à vendre la patrie ou la liberté. Cependant depuis la
déclaration du 25 juillet 1705, l'exilé qui sortait du lieu où il
était relégué pouvait encourir la mort civile.

CHAPITRE III

-

Droit intermédiaire

33. Durant la période révolutionnaire la réaction contre ce qu'on appelait la tyrannie fut si violente qu'on en vint à proscrire tout ce qui pouvait rappeler les idées de domination et de puissance. L'autorité paternelle ne devait pas échapper à cette haine. Certes des abus nombreux s'étaient produits dans l'Ancien Droit; souvent l'institution qui aurait dû protéger l'enfant avait servi à l'accomplissement de quelque injustice. Sans doute les tribunaux étaient intervenus pour modérer la toute-puissance des pères de famille; mais leur intervention avait été quelquefois inopérante, lorsque le pouvoir central venait au secours du père pour des motifs d'ordre politique. La justice avait alors dû s'incliner devant le Roi dont elle émanait.

En 1789 il y avait certainement des réformes à faire sur ce point comme sur bien d'autres. La Révolution dépassa la mesure. Sous prétexte de détruire les abus de la puissance paternelle, elle brisa le pouvoir domestique lui-même. Elle alla jusqu'à soumettre l'exercice du droit de correction au jugement d'un tribunal de famille et à l'autorité du président du tribunal de district (1). Bon moyen de ravaler le père dont on fait l'adversaire de l'enfant !

Pour achever cette œuvre de désorganisation la loi du 20 août 1792 supprima, pour les majeurs de vingt et un ans, le consentement des ascendants au mariage.

Heureusement nos Codes n'ont pas suivi les errements de la législation intermédiaire.

34. Aucun document de cette époque troublée ne permet de dire si les tribunaux avaient le droit de déclarer le père déchu du peu qu'il lui restait de son ancienne autorité. Étant donné le souffle de licence qui passait alors sur notre pays, il est peu téméraire de croire que la jurisprudence n'eût pas hésité à enlever au père qui en aurait abusé les derniers vestiges de sa puissance. Cependant les lois révolutionnaires ne prononcent nulle part la déchéance, pas même au cas où le père de famille est condamné pour excitation de ses propres enfants à la débauche.

35. Comme dans l'Ancien Droit la puissance paternelle était certainement perdue par le citoyen qui avait encouru une condamnation entraînant la mort civile.

Le Code pénal des 25 septembre-6 octobre 1791, titre IV, art. 1, 2 et 3, avait supprimé la mort civile (2). A cette règle il y eut deux exceptions, l'une relative aux émigrés, l'autre aux déportés.

L'émigré était, aux termes de l'art. 1 de la loi du

(1) Loi des 16-24 août 1790, tit. X, art. 15, 16, 17.

(2) Quelques auteurs ont soutenu qu'elle avait été implicitement maintenue comme accessoire d'une condamnation à la mort naturelle. (Hannin, n° 122. — Aubry et Rau, I, § 80). — L'opinion contraire semble préférable (du Caurroy, Bonier et Roustan, I, n° 70. — Bertauld, Code pénal, leçon XI, p. 263. — Achille Morin. Répert. v° Mort civile).

28 mai 1793, banni à perpétuité du territoire français; il était mort civilement et ses biens devenaient la propriété de la République.

Quant au déporté de droit commun et au déporté politique, leur situation était la même ; incontestablement la mort civile était encourue et par suite la puissance paternelle perdue (1).

36. En commençant ce chapitre, j'ai dit que nous ne trouvions pas durant la période intermédiaire un monument nous indiquant que la déchéance de la puissance paternelle eût été prononcée.

Il y a toutefois une situation intéressante qui nous arrêtera quelques instants. C'est celle de la reine Marie-Antoinette en ce qui concerne son fils.

L'histoire nous apprend qu'après l'exécution de Louis XVI, le Dauphin enfermé au Temple avait été laissé à la garde de sa mère. Cette solution était rationnelle et conforme aux principes : le père exerce l'autorité de son vivant ; à sa mort, celle-ci passe sur la tête de la mère. Marie-Antoinette se trouvait donc investie du droit de puissance paternelle dont l'exercice, après la mort du roi, lui revenait sans conteste.

Un arrêté du Comité de Salut public en date du 1er juillet 1793 décida que le Dauphin serait séparé de sa mère et placé dans un appartement spécial. Un autre arrêté du même Comité rendu à la même date porte que l'enfant sera remis entre les mains d'un instituteur choisi par le Conseil général de la commune.

Ces mesures sanctionnées par la Convention furent

---

(1) Sur les infractions punies de déportation voir Code pénal du 25 septembre 1791, part. I, tit. II, art. 1; — loi du 1er germinal an III ; — loi du 27 germinal an IV, art. 1 ; — loi du 10 mars 1793, titre III, art. 2.

exécutées le 3 juillet et le Dauphin confié au savetier Simon.

Voilà donc une mère privée du droit de faire élever son fils et qui ne peut indiquer ni l'instituteur qu'elle désire, ni les principes dans lesquels elle veut que son fils soit instruit. C'est certainement la déchéance de la puissance paternelle, il n'y a pas d'autre nom à donner à cette mesure. Déchéance de fait, sans doute ; déchéance de droit aussi, puisque les mesures du Comité de Salut public ont été sanctionnées par la Convention et ont acquis force de loi.

De tels faits devaient être assez fréquents à cette époque, car les personnes emprisonnées ne pouvaient exercer la puissance paternelle. A qui passait-elle en fait et en droit ? Rien ne nous permet de répondre. Il est probable que le législateur n'avait pas résolu la question, entraîné qu'il était par des préoccupations qui lui paraissaient plus importantes et plus graves

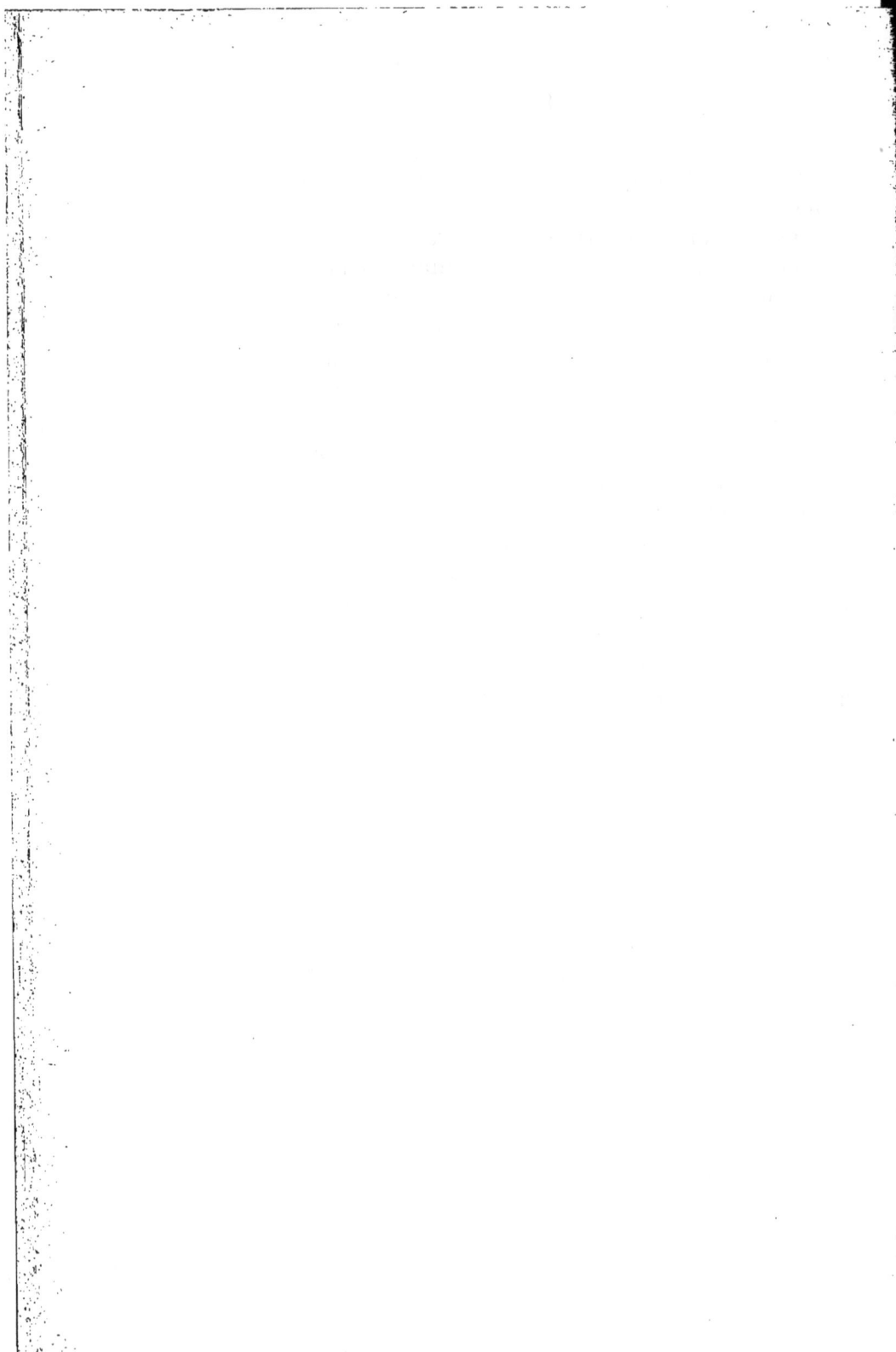

DEUXIÈME PARTIE

DES RESTRICTIONS ET DÉCHÉANCES
DE LA PUISSANCE PATERNELLE

AVANT LA LOI DU 24 JUILLET 1889

---

37. La puissance paternelle, avant l'année 1889
pendant laquelle fut votée la loi du 24 juillet sur la
protection des enfants maltraités ou moralement
abandonnés, ne demeurait pas toujours pleine et
entière entre les mains de celui qui en était investi.
Dans certaines hypothèses elle se trouvait restreinte,
tronquée ; quelquefois même elle disparaissait totale-
ment et l'on se trouvait en présence d'une véritable
déchéance au sens juridique du mot.

C'est à l'étude de ces situations qu'est consacrée
cette deuxième partie. Dans quatre livres nous verrons
l'œuvre de nos Codes civil et pénal, celle de la Jurisprudence et des lois spéciales.

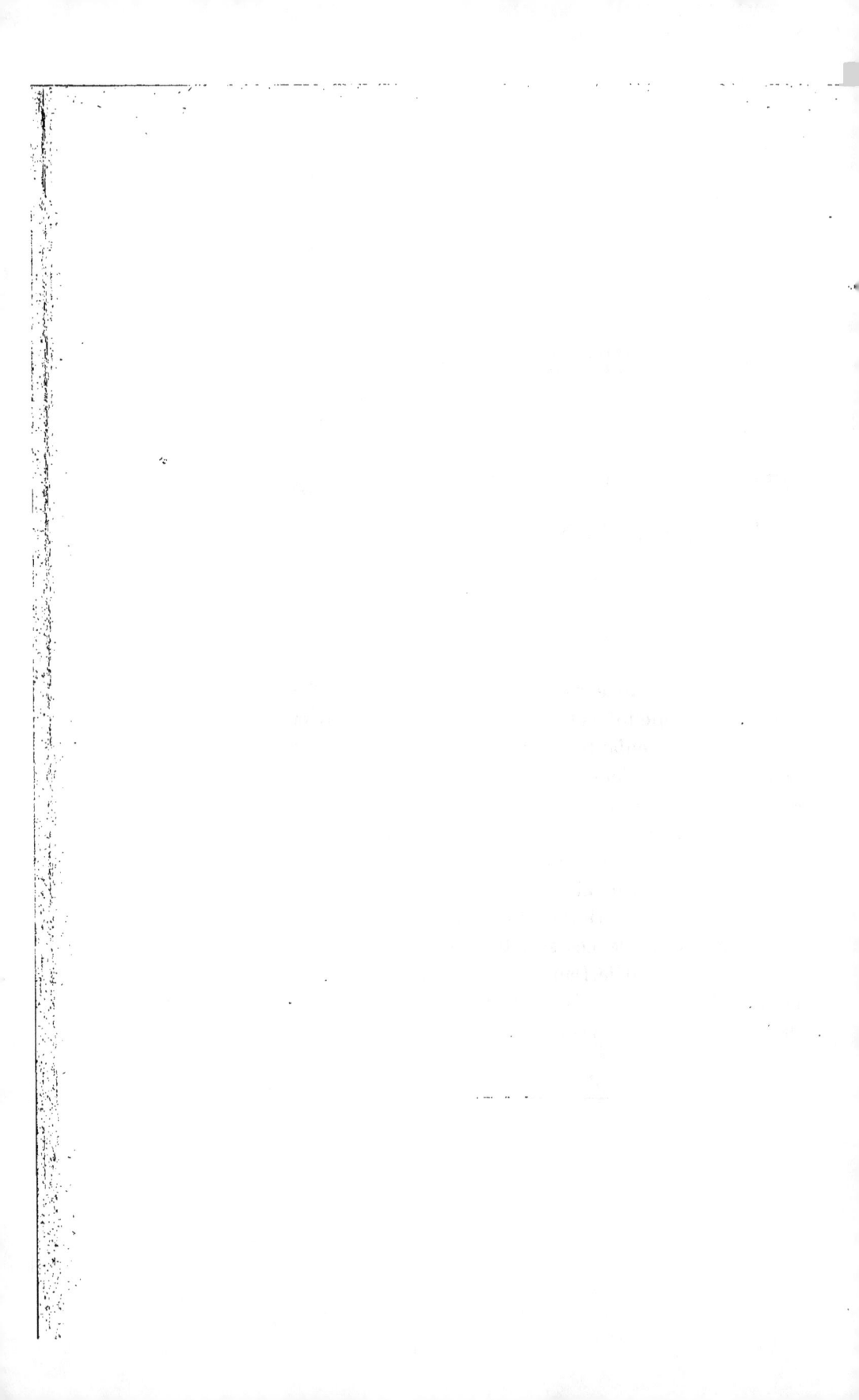

LIVRE PREMIER

DÉCHÉANCES DE NOS CODES

————

CHAPITRE PREMIER

Le Code civil

————

38. D'après le Code civil peuvent voir leur puissance paternelle restreinte :

1° Les parents interdits et absents ;

2° Ceux qui contractent un second mariage ;

3° Ceux qui sont divorcés ou séparés de corps ;

4° Les morts civilement avant 1854 ;

5° Ceux dont le fils contracte un engagement volontaire dans l'armée.

Une section sera consacrée à chacune de ces cinq situations.

SECTION I. — De l'interdiction et de l'absence.

§ 1. — DE L'INTERDICTION.

39. Le jugement d'interdiction crée contre l'interdit une présomption d'incapacité que l'art. 502 du Code civil consacre en annulant de plein droit tous les actes passés par l'interdit postérieurement à son interdiction. La puissance paternelle va-t-elle se trouver atteinte ?

Remarquons tout d'abord que pendant que l'interdit est sous l'empire de la démence, l'exercice de la puissance paternelle lui sera enlevé. C'est un cas de force majeure. La question ne se pose en réalité que pour les intervalles lucides. Plaçons-nous donc dans cette hypothèse.

D'après un premier système (1), durant un intervalle lucide, le père conserve sa puissance et peut valablement l'exercer : ainsi il consentira au mariage de son enfant, il l'émancipera. L'interdiction étant une institution destinée à sauvegarder les intérêts de l'interdit n'a rien à voir avec l'exercice de la puissance paternelle qui ne touche nullement à ces intérêts. Les actes de puissance paternelle sont des actes moraux et l'art. 502 du Code civil ne vise que les actes pécuniaires.

Cette distinction entre les actes pécuniaires et les actes moraux ne se trouve malheureusement pas dans la loi. Il faut donc la repousser avec un second système dans lequel l'interdit ne pourra jamais, même dans un intervalle lucide, exercer la puissance paternelle. Pratiquement ce système a un avantage considérable sur le précédent : ce dernier n'est pas applicable, car en fait il est impossible de trouver un acte de puissance paternelle n'ayant qu'un intérêt purement moral sans toucher à un intérêt pécuniaire, par exemple : le consentement au mariage, l'émancipation. Que de difficultés du reste pour discerner les intervalles lucides des moments de démence ; que de procès ! N'est-il pas plus simple de laisser subsister la présomption d'insanité créée par le jugement d'interdiction ?

(1) Laurent, V, n° 303 bis.

40. L'exercice de la puissance paternelle étant
enlevé au père interdit passe incontestablement à la
mère, qu'elle soit ou non tutrice de ses enfants ; la
tutelle et la puissance paternelle étant deux institutions différentes, et l'exclusion de l'une n'entraînant
pas la privation de l'autre. En vertu du même principe
la Cour de cassation a décidé que le droit de surveiller
et faire élever les enfants d'un interdit appartient à la
mère, même dans le cas où elle n'a pas été nommée
tutrice de son mari (1). Quant à l'usufruit légal, il
demeure sur la tête du père ; l'art. 384 du Code civil
est formel : le père a la jouissance des biens de ses
enfants mineurs tant que le mariage subsiste.

41. La mère est donc investie de l'exercice de la
puissance paternelle. On a voulu toutefois restreindre
son autorité et lui dénier le droit d'émanciper ses
enfants. L'art. 477 du Code civil ne dispose-t-il pas en
effet que le mineur ne pourra être émancipé par la
mère qu'à « défaut *de* père » ? c'est dire que le père
n'existe plus, qu'il est mort ; à défaut *de* père ce
n'est pas à défaut *du* père. Or le père interdit étant
encore vivant, l'art. 477 s'oppose à ce que la mère
puisse émanciper. Cet argument de texte est fortifié
par un argument d'analogie tiré de ce qui se passe en
cas d'absence du père. La loi énumère (art. 141) les
droits de la puissance paternelle dont la mère sera
investie, et le droit d'émanciper n'est pas compris
dans cette énumération ; ce que la loi fait au cas
d'absence, elle a dû vouloir le faire au cas d'interdiction ; les raisons de décider sont identiques.
Enfin accorder à la mère le droit d'émanciper ses

---

(1) Cass. 27 nov. 1816, et sur le renvoi, Orléans, 9 août
1817. Dalloz. Répert. v° Interdiction, n° 164, note 2.

enfants à partir de quinze ans, c'est rompre l'harmonie des dispositions légales. La loi donne au père,
jusqu'à ce que l'enfant soit parvenu à dix-huit ans,
la jouissance légale des biens de cet enfant ; si la
mère peut émanciper à partir de quinze ans (art. 477),
elle pourra enlever au père le bénéfice de cette jouissance. Ce résultat est impossible à admettre.

42. Les considérations qui viennent d'être expo-
sées sont certainement sérieuses. Elles ne doivent
pas néanmoins, selon moi, faire triompher la doctrine
à l'appui de laquelle elles sont apportées. Le dernier
argument invoqué ne paraît pas devoir résister à
l'examen : il présente le droit de jouissance légale
comme un droit d'usufruit ordinaire dérivant d'une
convention, alors que c'est un droit tout spécial,
attribut de la puissance paternelle et institué comme
elle dans l'intérêt de l'enfant ; ce n'est pas l'avantage
du père qu'il faut regarder, c'est l'intérêt de l'enfant ;
et si cet intérêt exige l'émancipation on ne peut pas
prétendre que celle-ci n'est pas possible parce qu'elle
aurait pour conséquence de faire perdre au père
la jouissance légale sur les biens de son fils. Il est
impossible de croire que le législateur ait pu vouloir
laisser, dans certaines circonstances, l'enfant sans
protection, et qu'à son égard la puissance paternelle
sommeillât, au moins en ce qui concerne certains de
ses attributs.

Cette idée doit dominer la discussion. Elle permet
de répondre victorieusement aux arguments de texte.
Pour interpréter une loi il ne faut pas s'arrêter à son
texte brutal, il faut aussi examiner si la solution donnée par la lettre n'est pas en contradiction flagrante
avec la volonté certaine qui a présidé à sa confection.

Au surplus les textes eux-mêmes ne nous sont pas

si contraires. L'art. 141 qui n'indique pas parmi les droits de la mère celui d'émanciper, ne l'exclut pas par cela même. Il faudrait avant tout démontrer que son énumération est limitative, ce que rien ne fait supposer.

Quant à l'art. 477 qui dit *à défaut de père* et non *à défaut du père*, en conclure qu'il refuse le droit d'émanciper à la mère, lorsque le père est interdit, ce serait donner à la préposition *de* une valeur plus grande que celle que le législateur a certainement voulu lui donner lui-même. Dans tous les cas, depuis la loi du 24 juillet 1889, il est une situation dans laquelle il faut admettre que les mots *à défaut de père* de l'art. 477 du Code civil ne doivent pas viser exclusivement la mort du père ; car quand le père est déchu de la puissance paternelle, la mère, bien qu'il ne soit pas mort, peut être investie de cette puissance y compris le droit d'émanciper.

Résumons-nous donc en disant que la femme dont le mari est interdit a l'exercice plein et entier de la puissance paternelle et peut certainement émanciper ses enfants (1).

43. L'examen de la situation de l'interdit appelle forcément celui de la situation de l'aliéné non interdit.

L'aliéné non interdit peut être placé dans un asile, ou bien rester dans la société, absolument libre de ses faits et gestes.

Dans la première hypothèse l'exercice de la puissance paternelle passera en fait à la mère. M. Lau-

---

(1) Consulter sur cette dicussion Aubry et Rau, I, § 129, texte et note 10. — Demolombe, VIII, 206 à 210. — Duranton, III-665, etc., etc.

rent (1) prétend que ce sera seulement dans la mesure
où la séquestration rendra le père incapable de cet
exercice. On se trouve en face d'un obstacle matériel. Lorsque cet obstacle n'existe plus, il faut revenir
à la règle générale; par conséquent toutes les fois
qu'un simple consentement suffira, le père devra le
donner. La question sera de savoir si le consentement
donné émane d'une pensée saine ou d'une pensée ma-
lade.

Cette doctrine est exacte, rien dans la loi n'autorisant à priver de sa puissance un père qui n'est même
pas interdit ; elle a de plus l'avantage de provoquer la
mère à demander l'interdiction du père qui trouvera
une garantie considérable dans l'intervention de la
justice.

Dans la seconde hypothèse, c'est-à-dire si l'aliéné
n'est pas enfermé dans un asile et jouit d'une liberté
relative, la même solution s'impose.

Le père exercera la puissance paternelle puisqu'aucun obstacle de fait ne s'y oppose, sauf à attaquer les
actes accomplis, à charge de prouver la démence au
moment où l'acte est intervenu.

§ II. — DE L'ABSENCE.

44. L'art. 141 du Code civil s'exprime ainsi : « Si
« le père a disparu laissant des enfants mineurs issus
« d'un commun mariage, la mère en aura la surveil-
« lance, et elle exercera tous les droits du mari, quant à
« leur éducation et à l'administaation de leurs biens. »

Nous avons vu que cet article n'est pas limitatif, et
qu'il faut reconnaître à la mère le droit d'émanciper
ses enfants si leur intérêt l'exige.

(1) Laurent, V, n° 397.

La seule difficulté est relative à l'usufruit légal.

On a prétendu que, le père absent, l'usufruit légal appartenait à la mère qui, ayant les charges de la puissance paternelle, doit en avoir les avantages : l'usufruit légal est en effet une sorte d'indemnité accordée par la loi au père pour compenser les sacrifices nécessaires à l'éducation des enfants et à l'administration de leurs biens (1).

La loi aurait peut-être bien fait d'accorder l'usufruit légal à la mère dont le mari est en état d'absence ; mais ce n'est pas la solution qu'elle a consacrée. Aux termes de l'art. 384 du Code civil, le père seul a, durant le mariage, le droit de jouissance légale. Et l'absence ne dissout pas le mariage (2).

SECTION II. — Des seconds mariages.

45. La loi a estimé que les parents qui ont contracté un second mariage ne présentent plus de garanties suffisantes pour exercer le droit de correction.

Relativement au père, le législateur, craignant l'influence défavorable d'une marâtre, a disposé que, pour faire détenir son enfant du premier lit, âgé de moins de seize ans, il devrait se conformer à l'art. 377 du Code civil, c'est-à-dire qu'il pourrait seulement requérir la détention pendant six mois au plus, en s'adressant au président du tribunal qui accordera ou refusera l'ordre d'arrestation. (Code civil, art. 380).

Relativement à la mère, la loi redoute de la voir influencée par son second mari et lui enlève le droit qu'elle tenait de l'article 381 du Code civil : elle n'aura en aucun cas le pouvoir de faire détenir son enfant.

---

(1) Aubry et Rau, VI, § 550 bis, texte et note 4.
(2) Marcadé sur l'art. 141, n° 2.

La mère digne de confiance ne sera cependant pas tout à fait désarmée. En effet, maintenue dans la tutelle de ses enfants d'un premier lit (C. civ. art. 395), elle pourra, en qualité de tutrice, porter ses plaintes au Conseil de famille, et si celui-ci l'y autorise, elle provoquera la détention du mineur conformément à ce qui est réglé par la loi au titre de la puissance paternelle (C. civ., art. 468).

La mère remariée perd non seulement le droit de faire détenir son enfant du premier lit, mais elle est encore privée du droit de jouissance légale qui lui appartenait pendant sa viduité (C. civ. art. 386). Autrement c'est le nouveau mari qui, sous la plupart des régimes matrimoniaux percevant les fruits et revenus des biens de la femme, aurait profité de la jouissance légale sans être tenu de remplir les devoirs de la puissance paternelle.

Section III. — Du divorce et de la séparation de corps.

§ I. — DU DIVORCE.

46. Il y a lieu de distinger deux périodes : celle des mesures provisoires et celle qui commence du jour où le divorce est prononcé.

47. Dans la première période c'est le président qui, avant que l'instance ne soit engagée, statue sur la garde provisoire des enfants (C. civ., art. 238 modifié par la loi du 18 avril 1886). Il peut donc les enlever au père pour les confier à la mère.

Dès que l'instance est engagée, ce pouvoir passe au tribunal (C. civ., art. 240 modifié par la loi du 18 avril 1886) qui, sur la demande de l'une des parties, d'un membre de la famille ou du ministère public, ordonne toutes les mesures provisoires qui lui paraissent nécessaires dans l'intérêt des enfants.

48. Dans la seconde période, celle des effets du divorce prononcé, la puissance paternelle se trouve modifiée dans les droits principaux qui la constituent.

49. *En ce qui concerne les* DROITS DE GARDE ET D'ÉDUCATION, l'article 302 du Code civil dispose : « Les « enfants seront confiés à l'époux qui a obtenu le « divorce, à moins que le tribunal, sur la demande « de la famille ou du ministère public, n'ordonne, pour « le plus grand avantage des enfants, que tous ou « quelques-uns d'eux seront confiés aux soins, soit de « l'autre époux, soit d'une tierce personne. »

Alors même que les deux époux, ou l'un d'eux, seraient privés des droits de garde et d'éducation, ils conservent toujours le droit de surveillance et de contrôle (C. civ., art. 303).

Les mesures prises en vertu de l'article 302 ont un caractère essentiellement provisoire, car l'avantage des enfants peut exiger qu'elles soient modifiées.

50. *En ce qui concerne le* DROIT DE CORRECTION, la loi garde le silence. Ce droit ne reste donc pas forcément au père ; car si le père a l'exercice de la puissance paternelle durant le mariage (C. civ. art. 373), le mariage étant dissous, le père et la mère sont sur un pied d'égalité.

Il est certain, c'est une solution de bon sens, que le droit de correction, sanction des droits de garde et d'éducation, doit appartenir à l'époux investi de de ceux-ci.

Si cependant c'est un tiers qui est investi par le tribunal de ces derniers droits, il n'aura pas le droit de correction établi aux articles 375 et suivants du Code civil. Ce droit n'appartenant qu'aux parents restera sur la tête du père et de la mère, car il n'y a pas de motif de l'accorder à l'un plutôt qu'à l'autre.

51. *En ce qui concerne le* DROIT DE JOUISSANCE LÉGALE, il n'appartient pas à celui des parents contre lequel le divorce est prononcé (Code civil, art. 386).

Si c'est le père qui a triomphé aucune difficulté ne s'élève; il conserve l'usufruit légal qu'il avait déjà pendant le mariage.

Si au contraire c'est la mère qui a obtenu le divorce, le père est déchu du droit de jouissance légale et la mère en est investie. On a objecté à cette solution la disposition de l'article 384 du Code civil qui n'accorde à la mère l'usufruit légal qu'en cas de survie. Mais il est facile de répondre que lors de la rédaction de l'article 384 le législateur n'avait point en vue le divorce; cela résulte nettement de l'article 386 lequel en déclarant que l'usufruit légal n'aura pas lieu au profit de de la mère qui a succombé dans l'instance en divorce, suppose qu'il aura lieu au profit de la mère qui aura triomphé.

52. *En ce qui concerne le* DROIT D'ADMINISTRATION LÉGALE, on peut se demander par qui, après le divorce, les biens des enfants mineurs seront administrés ; le père n'ayant cette administration que durant le mariage (Code civil, art. 389). Ce sera l'époux qui aura la garde des enfants, qui administrera ; aux yeux des tribunaux la garde des enfants implique le mandat d'administrer (1).

§ II. — DE LA SÉPARATION DE CORPS.

53. La Jurisprudence étend l'application des articles 302 et 303 du Code civil sur le divorce à la sépa-

---

(1) Paris, 15 décembre 1886. Sirey, 1888, 2, 217.

ration de corps ; elle décide qu'en principe l'enfant doit être confié à l'époux qui a obtenu la séparation.

Ce système est contraire à l'article 373 d'après lequel le père seul exerce la puissance paternelle durant le mariage. Malgré la séparation de corps le mariage subsiste ; le droit de garde du père doit donc demeurer.

On comprend néanmoins la solution donnée par les tribunaux. La doctrine contraire si rigoureuse aurait présenté des difficultés pratiques ; souvent elle aurait été dangereuse et inhumaine pour l'enfant. Cela explique son peu de succès. Toutefois en droit pur elle est la seule exacte.

SECTION IV. — De la mort civile.

54. La mort civile qui avait été abolie (1) par la législation intermédiaire fut rétablie par le Code civil malgré la vive opposition du Tribunat, et le Code pénal de 1810 détermina les cas où elle serait applicable ; on l'attacha aux peines perpétuelles : la mort, la déportation et les travaux forcés à perpétuité (Code civil, art. 23. — Code pénal, art. 18).

La mort civile est une fiction de la mort naturelle ; le condamné est privé de tous ses droits à l'exception de ceux qui sont indispensables à la conservation de la vie matérielle. Les droits constituant la puissance paternelle ne rentrant pas dans ces derniers disparaissent. Cette solution s'impose nécessairement. Elle est confirmée par les dispositions légales. L'article 25 du Code civil, alinéa 2, dispose que le mort

---

(1) La mort civile était, ainsi que nous l'avons vu au n° 35, restée comme peine spéciale frappant les émigrés et les déportés.

civilement ne peut ni acquérir ni transmettre par succession ; or la qualité de père est le principe de l'acquisition des biens de l'enfant ou de la transmission des biens du père à celui-ci par voie de succession ; le droit successoral est fondé sur la parenté civile, c'est-à-dire reconnue par la loi. Si donc le condamné subissant la mort civile est privé du droit de transmettre ou recueillir à titre de succession, c'est que la loi considère la parenté civile comme éteinte ainsi que tous les droits qui en dérivent, donc le droit de puissance paternelle.

Les quatrième et huitième alinéas de l'article 25 et l'article 33 viennent de même à l'appui de cette manière de voir. On pourra s'en convaincre facilement à la simple lecture de ces textes.

La déplorable institution de la mort civile attaquée par les publicistes et les jurisconsultes reçut une première atteinte de la loi du 8 juin 1850 qui pour l'avenir la supprima en, faveur de ceux qui encourraient la déportation (art. 3).

Enfin elle disparut définitivement de nos Codes en 1854 (1). A partir de cette date le père, précédemment mort civilement, se trouve renaître à la vie civile avec les déchéances que comportent les peines de l'interdiction légale et de la dégradation civique, accessoires de la peine principale prononcée. Il n'est donc pas déchu, ainsi que nous le verrons plus tard, de sa puissance paternelle. La jouissance légale, par exemple, a repris pour lui son cours à dater du moment où le père mort civilement, dans la personne duquel elle s'était éteinte, a recouvré la vie civile (2).

---

(1) Loi des 31 mai. — 3 juin 1854.
(2) Aubry et Rau, I. § 83 bis.

Je terminerai cette section en répétant ce que j'ai déjà eu occasion de dire en traitant de la mort civile sous l'ancien droit et sous le droit intermédiaire. Le père mort civilement est déchu de sa puissance, non dans l'intérêt de l'enfant dont le législateur ne s'est pas préoccupé, mais parce que, en vertu de la fiction *mors civilis œquiparatur naturali,* il est considéré comme mort à la vie juridique et il ne peut exercer les droits de la puissance paternelle qui n'appartiennent qu'aux seuls vivants.

SECTION V. — De l'engagement volontaire.

55. Les dispositions de la loi relatives à l'engagement volontaire dans l'armée doivent être mises au nombre de celles qui portent atteinte à la puissance paternelle.

Le Code civil (art. 374) permet à l'enfant de quitter la maison paternelle, sans la permission de son père, après l'âge de dix-huit ans, pour enrôlement volontaire.

La loi du 21 mars 1832 (art. 32, 5°) a porté cet âge à vingt ans. Depuis, cela n'a pas varié (loi du 27 juillet 1872, art. 46 ; — loi du 15 juillet 1889, art. 59, 6°).

Cette exception aux principes pouvait avoir sa raison d'être sous le premier Empire où il fallait assurer le recrutement d'armées sans cesse renouvelées. Aujourd'hui elle est injustifiable. Pourquoi n'avoir pas au moins attendu la majorité ?

L'exception que nos lois ont consacrée a l'inconvénient immense d'autoriser l'insubordination des enfants. « Souvent, a dit un magistrat (1), l'enrôlement

_____

(1) Bernard. Histoire de l'autorité paternelle en France p. 373.

« volontaire est inspiré par le caprice, le libertinage,
« la paresse, le dégoût de la maison paternelle. S'il
« peut être contracté sans l'assentiment des parents,
« il constitue un acte de révolte ouverte contre leur
« autorité. »

Il se rencontre parfois des enfants qui spéculent sur
l'affection de leurs parents ou sur leurs plans d'avenir
et qui se servent de ce droit que leur confèrent les lois
militaires comme d'une menace à l'égard de leurs
père et mère. Grâce à lui ils amènent ceux-ci à une
transaction et renoncent au projet d'engagement
qu'ils n'ont jamais sérieusement formé. Spectacle
inouï d'un père vaincu par son fils et acceptant les
conditions de celui-ci ! « N'est ce pas là donner à la
« rébellion un gage de la faiblesse de l'autorité pater-
« nelle, et la loi n'est-elle pas complice en fournis-
« sant à l'enfant des armes pour la battre ? (1) »

L'exception introduite en faveur de l'engagement
volontaire a encore l'inconvénient de rompre l'harmonie des dispositions légales. Il est singulier de voir
un fils libre d'adopter à vingt ans un état aussi péril-
leux que l'état militaire, alors qu'il est obligé pour se
marier de solliciter toujours le consentement de ses
parents.

---

(1) Bernard. Histoire de l'autorité paternelle en France,
p. 373.

CHAPITRE II

Le Code Pénal

56. Dans ce chapitre nous étudierons les atteintes portées à la puissance paternelle par les peines accessoires : l'interdiction légale, la dégradation civique.

Nous verrons aussi quels sont les effets de l'interdiction prononcée à l'article 42 du Code pénal et de l'éducation correctionnelle.

Et il nous restera alors à examiner l'importante déchéance de l'article 335 du Code pénal.

SECTION I. — De l'interdiction légale. (1)

57. Le condamné frappé d'interdiction légale conserve, sans nul doute, la jouissance des droits de la puissance paternelle, car aucun texte ne l'en déclare déchu. Mais conserve-t-il aussi l'exercice de cette même puissance ?

Sur ce point de graves difficultés s'élèvent. Deux systèmes sont en présence.

Le premier répond négativement. Il s'inspire du but que s'est proposé le législateur en créant l'interdiction

---

(1) L'interdiction légale est attachée aux peines perpétuelles et aux peines temporaires énoncées dans l'art. 29 du Code pénal, c'est-à-dire aux travaux forcés à temps, à la détention et à la réclusion.

légale. La loi a voulu assurer à la peine principale
toute son efficacité en retirant au condamné la jouissance de sa fortune (1). A ce titre le père interdit
légalement sera privé du droit d'administration, mais
en ce qui touche la puissance paternelle dans ses
attributs essentiels, droit d'éducation, droits de garde,
de correction, etc... il en conserve le plein exercice,
car les dangers que redoute le législateur ne sont pas
à craindre.

Le second système soutenu par M. Demolombe (2)
prétend que l'interdiction légale enlève l'exercice de
la puissance paternelle au condamné. En effet la loi
a dû vouloir d'autant plus suspendre l'exercice de
cette magistrature domestique que, le plus souvent,
cet exercice en fait serait presque impossible. Comment concevoir qu'un réclusionnaire ou un forçat
puisse exercer du fond de la maison centrale ou du
bagne les droits fondamentaux de la puissance paternelle?

En ce qui concerne l'administration légale les deux
systèmes, dont le premier me paraît le plus juridique,
aboutissent au même résultat; elle est enlevée au
condamné.

Quant à l'usufruit légal, je crois qu'il doit subsister.
Rien ne s'y oppose. Seulement les revenus des biens
de ses enfants ne seront pas donnés au condamné ; ils
seront mis à part et capitalisés comme les revenus de
ses biens propres pour lui être remis à l'expiration de
sa peine.

En résumé le condamné frappé d'interdiction légale
n'est pas déchu de la puissance paternelle ; l'exercice

---

(1) Locré XXIX, p. 208.
(2) VI, p. 276.

de celle-ci peut seulement se trouver paralysé par des obstacles de pur fait (1).

SECTION II. — De la dégradation civique.

58. Nulle déchéance, nulle peine sans un texte qui la prononce. Ce principe va nous conduire à décider que la dégradation civique ne prive pas le père de sa puissance paternelle (2) ; car l'article 34 du Code pénal ne contient pas la déchéance de cette puissance dans sa longue énumération. Il est vrai que dans son n° 4 il déclare que la dégradation civique consiste « dans l'incapacité de faire partie d'aucun conseil de « famille, et d'être tuteur, curateur, subrogé-tuteur ou « conseil judiciaire, si ce n'est de ses propres enfants, « et *sur l'avis conforme de la famille.* » Mais autre chose est la tutelle, autre chose est la puissance paternelle. Ce sont deux pouvoirs distincts ; on ne peut pas raisonner par analogie de l'un à l'autre.

La dégradation civique paralyse-t-elle tout au moins en fait, comme l'interdiction légale, l'exercice de la puissance paternelle ?

Distinguons :

Le condamné subit-il la dégradation civique comme peine principale, indépendante ? (3) il continuera à exercer la puissance paternelle.

La dégradation civique n'est-elle au contraire que l'accessoire d'une autre peine criminelle ? le condamné étant en état d'interdiction légale n'exercera que

---

(1) Faustin-Hélie et Chauveau Adolphe. Théorie du Code pénal, I, p. 166.

(2) Demolombe, VI, n° 363.

(3) Par exemple dans les hypothèses prévues aux art. 114 et 183, 126 et 127, 177, enfin 179 du Code pénal.

difficilement en fait les droits qu'il tient de sa qualité de père.

Ainsi jamais la dégradation civique ne porte la moindre atteinte à la puissance paternelle.

SECTION III. — De l'interdiction de l'article 42 du Code pénal.

59. L'article 42 du Code pénal investit les tribunaux correctionnels du droit d'interdire, dans certains cas, aux condamnés les droits de famille suivants :

« 5° De vote et de suffrage dans les délibérations de « famille ;

« 6° D'être tuteur, curateur, si ce n'est de ses « propres enfants et sur l'avis seulement de la « famille. »

Si le conseil de famille refuse au condamné le droit d'être tuteur et curateur de ses enfants, faudra-t-il étendre la déchéance, et déclarer le père incapable d'exercer la puissance paternelle ? La question a été résolue à la section précédente : la tutelle et la puissance paternelle sont complètement distinctes. La loi en autorisant le conseil de famille à priver le condamné de la tutelle, ne l'autorise pas par cela même à le priver de la puissance paternelle.

SECTION IV. — De l'éducation correctionnelle.

60. Aux termes de l'article 66 du Code pénal le juge qui acquitte un mineur de seize ans comme ayant agi sans discernement a la faculté de le rendre à ses parents ou d'ordonner qu'il sera conduit dans une maison de correction pour y être élevé pour un temps fixé par le jugement.

Ce n'est pas une peine puisque le mineur est acquitté, mais c'est une mesure de protection dirigée surtout contre les parents, lorsque la justice a des raisons de croire qu'ils sont la cause de la faute commise par leur fils. Les parents se voient privés des droits de garde et d'éducation dans l'intérêt de l'enfant. Il y a là quelque chose qui ressemble beaucoup à la déchéance de la puissance paternelle.

SECTION V. — De la déchéance de l'article 335 du Code pénal.

61. L'article 335 du Code pénal organise une véritable déchéance de la puissance paternelle, c'est-à-dire il prive de son autorité à titre de peine et dans l'intérêt de l'enfant le père qui a manqué à ses devoirs les plus élémentaires d'éducateur et de moralisateur.

Pour plus de clarté citons, avant tout, l'article 334 :

« Quiconque aura attenté aux mœurs, en excitant,
« favorisant ou facilitant habituellement la débauche
« ou la corruption de la jeunesse de l'un ou de l'autre
« sexe au-dessous de l'âge de vingt et un ans, sera
« puni d'un emprisonnement de six mois à deux ans
« et d'une amende de cinquante francs à cinq cents
« francs.

« Si la prostitution a été excitée, favorisée ou faci-
« litée par leurs père, mère, tuteur ou autres per-
« sonnes chargées de leur surveillance, la peine sera
« de deux ans à cinq ans d'emprisonnement, et de
« trois cents francs à mille francs d'amende. »

L'excitation à la débauche de mineurs de l'un ou de l'autre sexe commise par un tiers quelconque est donc punie d'un emprisonnement de six mois à deux ans et d'une amende de cinquante à cinq cents francs.

Mais lorsque le coupable est le père ou la mère des victimes la loi estime avec raison que la peine doit être plus forte parce qu'il y a eu abus d'une autorité qui n'existe que pour le bien : l'emprisonnement sera de deux à cinq ans et l'amende de trois cents à mille francs.

Cette aggravation de peine n'était pas à elle seule suffisante ; le législateur a compris que le père qui a excité à la débauche ses enfants mineurs ne peut les conserver en sa puissance. Aussi l'article 335 dispose-t-il :

« Les coupables du délit mentionné au précédent
« article seront interdits de toute tutelle ou curatelle,
« et de toute participation aux conseils de famille,
« savoir : les individus auxquels s'applique le pre-
« mier paragraphe de cet article, pendant deux ans
« au moins et cinq ans au plus, et ceux dont il est
« parlé au second paragraphe, pendant dix ans au
« moins et vingt ans au plus.

« Si le délit a été commis par le père ou la mère, le
« coupable sera de plus privé des droits ou avantages
« à lui accordés sur la personne et les biens de
« l'enfant par le Code civil, livre I, titre IX, *De la*
« *Puissance paternelle.* »

Cet article a donné lieu dans son application à de grandes difficultés.

62. Et d'abord quels sont exactement les pères ou mères que la loi frappe de la déchéance de la puissance paternelle ?

La Jurisprudence semble aujourd'hui fixée en ce sens que les articles 334 et 335 s'appliquent aussi bien à ceux qui exercent le métier de proxénètes, qu'à ceux qui veulent se procurer à eux-mêmes la satisfaction de leurs vils instincts, à la condition toutefois que

les actes immoraux se compliquent d'éléments de
nature à être incriminés et ne constituent pas seulement le simple libertinage. (Garraud. Traité théor.
et prat. de droit pénal français. IV, n° 487 b.).
C'est une solution qui est des plus morales en même
temps qu'elle nous paraît conforme aux dispositions
légales (1).

Mais la loi était défectueuse en exigeant, pour que
ces textes fussent appliqués, que le délit ait été répété
plusieurs fois, en un mot qu'il y ait habitude.

63. Le père qui a abusé de son autorité et qui a
été condamné en vertu de l'article 334 sera privé, aux
termes de l'article 335, de sa puissance paternelle. Le
texte est impératif, le juge n'a aucun pouvoir d'appréciation. Mais à supposer que le juge ait oublié de prononcer la déchéance, celle-ci sera-t-elle encourue de
plein droit ? MM. Aubry et Rau (2), Demolombe (3) et
Carnot (4) répondent affirmativement. Il y a là en
même temps qu'une peine une mesure de protection
pour l'enfant, et on ne comprendrait pas que cette
protection dépendît d'un oubli ou d'une distraction
du magistrat. Au surplus rationnellement cette solution se justifie fort bien : la déchéance est la conséquence nécessaire de l'infraction, il est donc inutile

---

(1) Angers, 14 juillet 1828. Sirey, 1828, 2, 344. — Cassation,
10 avril 1828. Id. 1, 385. — Cass. 4 janvier 1838. Sirey, 1838,
1, 254. — Cass. 17 août 1839. Sirey, 1840. 1, 180. — Cass.
Belge, sept. 1843. Sirey, 1844, 2, 12. — Cass. 21 avril 1855 et
23 août 1855. Sirey, 1855, 1, 611 et 847. — Cassation, 10 janvier
1856. Sirey, 1856, 1, 472.

Sur l'évolution de la jurisprudence voir Dalloz. Rép. sup.
v° Attentat aux mœurs, n°⁸ 62 et suiv. — Cass. 27 avril 1854.
Sirey 1854, 1, 659. — Dijon, 23 avril 1879. Sirey, 1879, 2, 321.
— Crim. rej. 18 nov. 1892. Dal. Pér. 1894, 1, 198.

(2) Aubry et Rau, VI, § 551 texte et note 2.

(3) Demolombe, VI, n° 360.

(4) Carnot. Code pénal, art. 335, n° 3.

qu'elle soit prononcée ; le père est déchu de son
autorité pour en avoir abusé ; il s'est montré indigne
de sa puissance, la loi la fait cesser immédiatement.

64. La déchéance de la puissance paternelle organisée dans l'article 335 du Code pénal a-t-elle lieu d'une
façon absolue, c'est-à-dire à l'égard de tous les
enfants du condamné, ou bien se restreint-t-elle à
l'enfant victime de l'infraction ? (1).

Les auteurs sont partagés. Duranton (2) et Taulier (3)
estiment que la déchéance a lieu à l'égard de tous
les enfants de même lit ou de lits différents, nés anté-
rieurement ou postérieurement au délit du père. Il
est à craindre que l'auteur indigne qui a trafiqué de
la vertu de ceux auxquels il a donné la vie, une fois
sa peine subie, ne continue à exciter ses autres
enfants à la débauche et à la corruption. La loi a dû
prendre des précautions contre son immoralité.

Quelle que douloureuse que puisse être la solution,
nous n'hésitons pas à nous ranger à l'opinion contraire (4). La déchéance n'est encourue, sous l'empire
de l'article 335 du Code pénal, qu'à l'égard de l'enfant victime du délit. Le texte est clair et formel :
« le coupable sera privé... sur la personne et les
biens *de l'enfant,* » ce qui signifie de l'enfant cor-
rompu ou que l'on a tenté de corrompre. Or *pœnalia
non sunt extendenda,* les lois pénales ne recevant

---

(1) Depuis la loi du 24 juillet 1889, la question ne se pose
plus : l'art. 1 dispose en effet que seront déchus à l'égard de
tous leurs descendants les père et mère condamnés par application de l'art. 334 § 2 du Code pénal.

(2) III, n° 384.

(3) I, p. 492.

(4) Aubry et Rau, VI, § 551. — Laurent, IV, n° 290.

pas d'interprétation extensive, le père conserve sa puissance à l'égard de ses autres enfants (1).

65. Relativement à l'enfant à l'égard duquel la déchéance existe, cette déchéance est-elle totale ? (2).

Ici encore des divergences.

Une première théorie soutenue par M. Vallette (3) et par Demolombe (4) soutient que le père est déchu de tous les droits sans exception dont l'ensemble forme le droit de puissance paternelle. La raison, l'intérêt public justifient cette solution qui vraisemblablement est conforme à la volonté du législateur.

Une seconde théorie (5) prétend au contraire restreindre la déchéance aux seuls droits et avantages accordés au père sur la personne et les biens de l'enfant par le Code civil dans le livre I, titre IX, *de la Puissance paternelle*. Ce sont les termes employés par les rédacteurs du Code pénal. Le père conserve l'administration légale des biens du mineur, car il est traité de cette administration au titre X et non au titre IX ; il conserve aussi le droit de consentir au mariage de l'enfant (art. 148 du Code civil), à son adoption (art. 346). et le droit d'émanciper (art. 477), tous droits établis dans les titres V, VIII et X. Ce système rigoureux mais très juridique s'appuie sur le principe de l'interprétation restrictive en matière pénale contre lequel aucune considération morale ne peut prévaloir.

---

(1) Demolombe, VI, n° 361. — Carnot. Code pénal, art. 335, n° 5.

(2) Depuis la loi du 24 juillet 1889 la question est tranchée; la déchéance est totale (art. 1).

(3) Sur Proudhon, II, p. 351.

(4) VI, n° 362.

(5) Laurent. IV, n° 290.

En ce qui concerne le droit d'émanciper l'enfant,
M. Laurent, qui adopte sur tout le reste notre théorie,
a hésité : le père, d'après lui, serait privé de ce droit
par voie de conséquence forcée ; privé de sa puissance, on ne comprendrait pas qu'il pût renoncer à
ce qu'il n'a plus. Cette concession peut étonner de la
part de M. Laurent qui ne nous a guère habitués aux
concessions ; elle n'est nullement justifiée ; le droit
d'émanciper est un droit constitutif de la puissance
paternelle, la question est de savoir s'il est compris
dans la déchéance, et répondre comme le fait
M. Laurent, c'est faire une pétition de principe.

66. Le père étant déchu de la puissance paternelle en vertu de l'article 335 du Code pénal, à qui
celle-ci va-t-elle appartenir ?

Evidemment à la mère. Cette solution en droit ne
saurait faire de doute. Le père et la mère sont investis
au même titre de l'autorité paternelle, mais le père
seul l'exerce pendant le mariage (Code civil, art. 373).
Lorsque le père est dans l'impossibilité soit physique,
soit juridique de l'exercer, cet exercice revient à la
mère.

En fait, des difficultés considérables surgissent. Le
père, sa peine achevée, va rentrer au domicile conjugal ; il conserve la plénitude de son autorité maritale.
La puissance qui appartiendra à la mère sera le plus
souvent exercée par lui, et le but de la loi ne sera pas
atteint. Que deviennent alors la déchéance de la protection de l'enfant ?

On a cherché des palliatifs.

Vazeille (1) constate que, dans ces conditions, la
puissance paternelle ne pouvant passer à la mère,

---

1) Du mariage, II, n· 433.

les enfants tomberont en tutelle, tutelle qui pour les mêmes motifs ne sera pas déférée à la femme. Elle appartiendra à un aïeul; on suivra les règles ordinaires établies par le Code civil.

Il n'y a qu'un inconvénient, c'est que cette tutelle n'est organisée nulle part, et qu'il est de principe qu'une tutelle ne peut jamais s'ouvrir au cours du mariage.

Ce sont les tribunaux qui auront un pouvoir discrétionnaire pour refuser à la mère l'exercice de la puissance paternelle ou pour ne le lui accorder que sous certaines restrictions ou modifications. Plus acceptable que la précédente cette théorie se heurte au principe de la personnalité des peines : la déchéance prononcée contre le père coupable va rejaillir sur la mère innocente, alors qu'aucun texte de loi ne justifie cette solution. Il n'y a cependant pas d'autre moyen d'assurer à l'article 335 son efficacité. Mais remarquons bien qu'en droit la mère reste toujours investie de la jouissance de la puissance paternelle; elle ne l'exerce pas par suite d'un simple obstacle de fait; si l'obstacle disparaît, par exemple si la séparation de corps est prononcée, l'exercice de l'autorité reviendra sans nul doute à la mère.

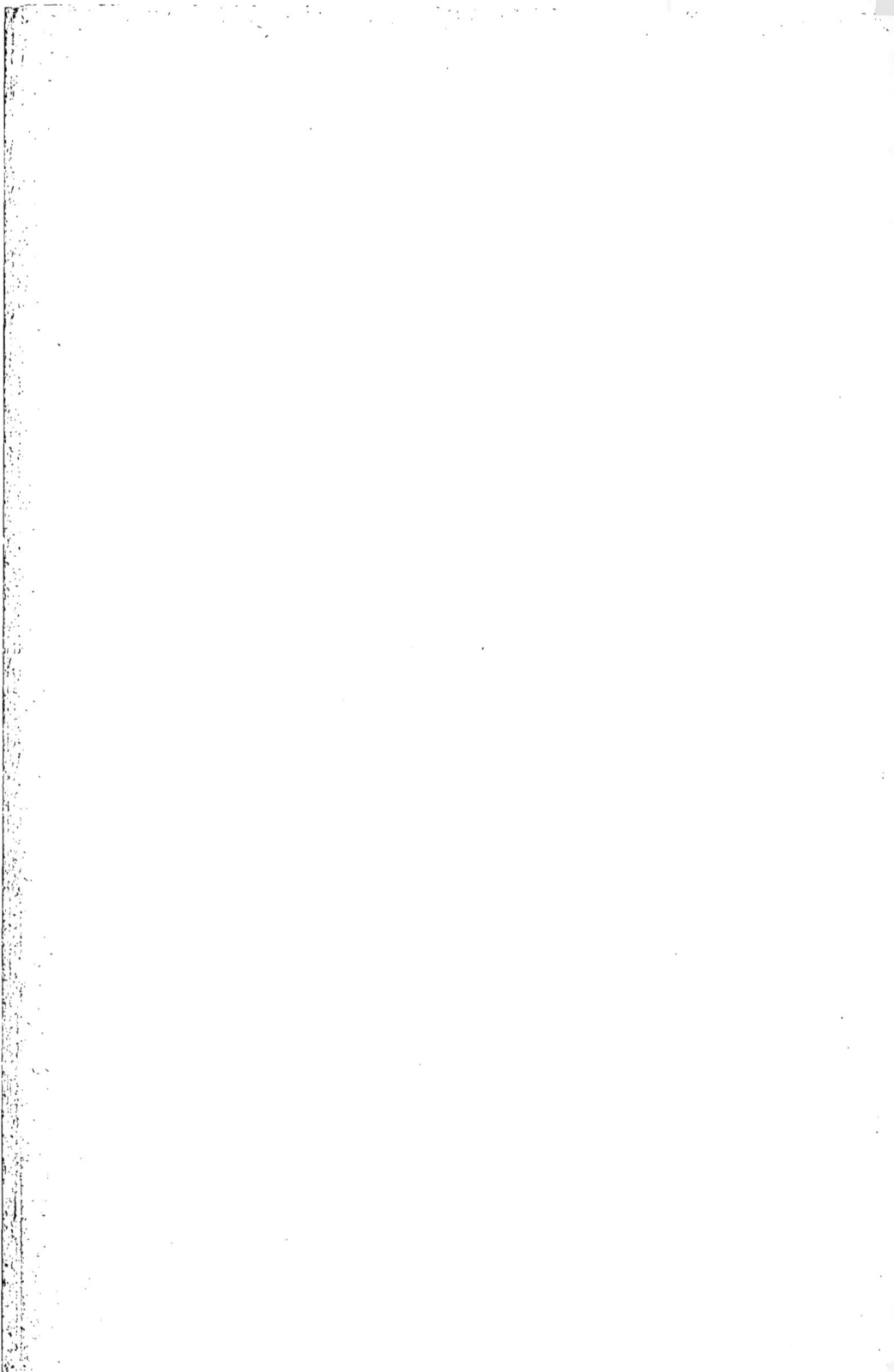

LIVRE II

DÉCHÉANCES ÉTABLIES PAR
LA JURISPRUDENCE

CHAPITRE PREMIER

Des père et mère légitimes

---

67. Le père peut, tout en échappant à l'article
335 du Code pénal, singulièrement abuser de sa puissance ; faudra-t-il admettre que l'enfant se trouvera
sans protection, abandonné aux mauvais traitements,
aux mauvais exemples, sans éducation, livré à toutes
les passions et à tous les désordres ?

68. Un fort parti s'est formé dans la Doctrine et
dans la Jurisprudence pour venir à son secours au
nom de la raison, de la morale, de l'humanité et de
l'ordre public.

69. Les uns ont attribué radicalement aux tribunaux le droit de prononcer la déchéance *complète*
de la puissance paternelle dans tous les cas où les parents
en abuseraient. Ils se fondent sur un argument d'analogie tiré de ce qui se passe en matière de tutelle. Si
le tuteur est d'une inconduite notoire ou si sa gestion
atteste l'incapacité ou l'infidélité, il peut être destitué
(art. 444 du Code civil). Or, dit-on, la tutelle, comme
la puissance paternelle, est un pouvoir de protection

institué en faveur de l'enfant; ce qui est vrai de l'une l'est aussi de l'autre; et il est conforme à l'idée du législateur d'étendre la disposition de l'article 444 du tuteur aux père et mère.

On comprend à merveille que ce système n'ait pu triompher même dans le parti qui veut venir quand même au secours de l'enfant. Il se heurte trop ouvertement à ce grand principe d'interprétation : qu'une déchéance ne saurait être étendue par voie d'analogie; et il applique à la puissance paternelle, pouvoir éminemment distinct de la tutelle, une disposition que la loi a édictée en vue de cette dernière seulement.

70. Aussi est-ce à un système moins radical que s'est ralliée toute la Jurisprudence. La doctrine des arrêts est que les tribunaux sont investis du pouvoir de prononcer une déchéance *restreinte* à certains droits déterminés seuls. La loi a supposé que la puissance paternelle, instrument de protection, ne peut devenir démoralisatrice. Et l'interprète qui doit faire exécuter les lois suivant les vues du législateur (1), se trouve dans la nécessité de priver de sa puissance le père qui en abuse, et ce dans la limite même où il en abuse. Les travaux préparatoires nous montrent du reste que tel était le but des rédacteurs du Code qui ne reculèrent que pour ne point s'occuper d'abord de détails ni de questions isolées (2) ; ils oublièrent ensuite d'y revenir, c'est ce qui explique le silence de la loi.

En résumé le Code a imposé aux parents certains devoirs envers leurs enfants et leur a attribué sur

---

(1) Demante. Programme I, n° 365, note 1.
(2) Locré, VII, p. 11.

ceux-ci des droits corrélatifs à ces devoirs. La raison
d'être de chacun des droits est l'existence d'un devoir
déterminé; si donc le père méconnait un de ses devoirs,
par exemple s'il laisse vagabonder sans surveillance
son enfant, il perd le droit correspondant, droit de
garde et d'éducation.

C'est en ce sens que se sont prononcées les décisions judiciaires. Ainsi il a été jugé que les tribunaux
peuvent, sans violer le principe de la puissance paternelle, confier à la mère la garde d'enfants communs,
quand le père a abandonné, depuis un temps plus ou
moins prolongé, le domicile conjugal (1).

Un arrêt de la Cour de Bordeaux (2) décide de même
que la justice a le droit, suivant les circonstances et
dans l'intérêt de l'enfant, de modérer et restreindre
les droits de la puissance paternelle : notamment elle
a le droit de laisser à un aïeul qui en a pris soin la
garde d'enfants mineurs abandonnés par leur père,
pendant une absence plus ou moins prolongée, alors
que sa conduite, depuis son retour, ne présente pas
de garanties suffisantes et qu'il y aurait danger à lui
remettre les enfants (3).

71. La Jurisprudence, guidée par les nécessités
de la pratique, a étendu sa théorie. Non contente de

---

(1) Cass. Florence, 22 juin 1882. Sirey, 1882, 4, 46.
(2) Bordeaux, 27 février 1874. Sirey, 1874, 2, 216.
(3) Voir dans le même sens en faisant application des mêmes
principes : Alger, 27 juin 1864. Sirey, 1864, 2, 288. — Cass.
5 mars 1864. Id. 1, 155. — Cass. 12 et 26 juillet 1870. Sirey,
1870, 1, 28. — Cass. 27 janvier 1879. Sirey, 1879, 1. 464. —
Trib. civ. Toulouse, 31 mai 1887. Gaz. Pal. 1887, 2, sup. 22. —
Compar. Cass. 12 févr. 1894. Sirey, 1894, 1, 240.
Jugé de même, après la loi du 24 juillet 1889, que les tribunaux ont le pouvoir d'enlever au père quelques-uns des droits
composant la puissance paternelle. Trib. Seine, 27 janv. 1890.
Journ. du Pal. 1891, 2, 108. — *Contrà.* Trib. Saint-Quantin,
27 décembre 1889 et Poitiers, 21 juillet 1890. Journal du Pal.
1891, 2, 103.

priver de quelques-uns de ses droits le père qui avait
manqué à quelques-uns des devoirs corrélatifs, elle
s'est arrogée ce pouvoir alors que le père n'a pas encore
failli mais est sur le point d'abuser de son autorité.
Elle agit d'une façon préventive dominée par cette
idée que l'intérêt de l'enfant exige surtout qu'on
empêche le mal de se produire et non qu'on essaie de
le réparer quand il est fait. La justice est donc investie du droit de restreindre l'exercice de la puissance
paternelle quand l'intérêt de l'enfant est encore seulement en péril (1).

72. Le système de la Jurisprudence sur la déchéance restreinte qui est et était surtout d'une grande
utilité avant la loi du 24 juillet 1889, n'a pas de base
juridique. Il se heurte au même reproche que le système de la déchéance complète. La déchéance pour ne
pas être totale n'en constitue pas moins une pénalité,
or il est de principe que les peines ne peuvent être
prononcées sans un texte formel.

On a tenté de répondre à la critique en invoquant la
tradition. Dans notre ancien droit les parlements
avaient un pouvoir supérieur, réglementaire de la
puissance paternelle. Le législateur de 1804, par son
silence, a voulu consacrer la solution anciennement
admise.

M. Laurent (2) a facilement raison de cette objection
en remarquant que le pouvoir de haute surveillance
se comprenait entre les mains des parlements investis
d'une plénitude de puissance que n'ont pas nos tribunaux. Cela tenait à l'absence d'un Code laquelle entraînait fatalement l'arbitraire du juge. Aujourd'hui il

---

(1) Alger, 27 juin 1864. Sirey, 1864, 2, 288. — Cass. 27 janvier 1879. Sirey, 1879, 1, 464.
(2) IV, n· 291.

n'en est plus ainsi : les juges n'ont pas le droit de procéder par voie de dispositions réglementaires.

Donc, en droit pur, il est impossible de reconnaître à la justice le pouvoir d'intervenir en dehors d'un texte spécial qui n'existait pas avant la loi du 24 juillet 1889, sauf dans l'hypothèse de l'article 335 du Code pénal et dans celle de la loi des 7-20 décembre 1874 relative à la protection des enfants employés dans les professions ambulantes.

En fait, on a été conduit nécessairement à reconnaître aux tribunaux ce pouvoir ; on se l'explique parfaitement (1). Et il faut avouer que jamais on n'a eu à se plaindre d'inquisitions indiscrètes et de scandales soulevés au sein des familles ; les magistrats ont toujours agi avec beaucoup de circonspection et de prudence.

73. Dans le système adopté par la Jurisprudence quelle sera l'autorité qui enlèvera au père les droits de la puissance paternelle ? Sera-ce le tribunal ? sera-ce le conseil de famille ?

Évidemment ce ne peut être que le tribunal. Donner un pareil droit au conseil de famille en argumentant de ce qui a lieu au cas de destitution d'un tuteur ce serait confondre la puissance paternelle et la tutelle, comme nous l'avons déjà indiqué à plusieurs reprises. Aussi la Cour de Rennes a-t-elle décidé le 24 février 1883 (2) que le conseil de famille ne peut dans la délibération par laquelle il maintient la tutelle à la veuve qui convole en secondes noces, en confiant la

---

(1) Les tribunaux sont, en somme, le pouvoir modérateur de la puissance paternelle. C'est à ce principe admis par la jurisprudence qu'il faut rattacher les décisions nombreuses réglant les visites que les enfants pourront faire à leurs ascendants quand le père veut y mettre opposition. (Voir Dall. Rép. suppl. v° Puissance paternelle, n°s 18 et suiv.).

(2) Sirey, 1883, 2, 150.

garde de l'enfant à ses grands parents, lesquels s'obligent à le nourrir et entretenir sans indemnité, déclarer que la mère ne pourra réclamer la garde de l'enfant qu'à charge de subvenir gratuitement à son entretien et à sa nourriture. La garde d'un enfant est en effet un attribut de la puissance paternelle qui ne saurait être subordonné à une pareille condition.

Pour le même motif le conseil de famille n'a pas le droit de réglementer ni de contrôler l'administration légale du père qu'il ne peut lui retirer. L'office de l'assemblée de famille, disent MM. Aubry et Rau (1), se bornera à nommer un tuteur *ad hoc* à la requête duquel se poursuivra, devant les tribunaux, la demande en retrait de l'administration légale (2).

74. Qui saisira le tribunal pour obtenir une mesure de protection en faveur de l'enfant?

Il faut distinguer :

Si le mariage est dissous et la tutelle ouverte, le droit de saisir la justice appartiendra au tuteur et au subrogé tuteur.

Si le mariage n'est pas dissous, la dépendance dans laquelle est la femme semble bien lui interdire toute action faisant brèche à l'autorité du mari. M. Demo-

---

(1) I. § 123, note 9. — Le principe est que les règles de la tutelle ne sont pas applicables à la puissance paternelle. Il a été jugé par application de ce principe que le père administrateur légal peut aliéner sans formalités les valeurs mobilières appartenant à ses enfants mineurs, la loi du 27 février 1880 ne visant que la tutelle. Amiens, 11 juin 1890. Journal du Pal. 1892, 2, 15.

(2) Notons qu'un particulier peut porter atteinte à la puissance paternelle dans les droits d'administration et de jouissance légales en donnant ou léguant aux enfants certains biens sous la condition que le père n'exercera pas au sujet de ces biens les droits en question (art. 387. Code civ.).—Demolombe, VI, n° 458. — Cass. 11 mars 1838. Sirey, 1838, I, 78. — Caen, 20 déc. 1840. Sirey, 1841, 2, 78. — Dijon, 23 août 1855. Sirey, 1855, 2, 675. — Cass. 26 mai 1856. Sirey, 1856, 1, 682. — Besançon, 4 juillet 1864. Sirey, 1865, 2, 69.

lombe (1) lui donne cependant la faculté de dénoncer les abus. Au cas de silence ou de complicité de la mère, il hésite à reconnaître au ministère public le droit d'action directe à moins que les faits incriminés ne constituent un délit.

---

(1) VI, n° 397.

CHAPITRE II

Des père et mère naturels

75. Jusqu'ici nous nous sommes placés en présence d'enfants légitimes.

En ce qui concerne les enfants naturels reconnus (1), les principes exposés sont les mêmes avec cette réserve que la Jurisprudence reconnaît aux parents des droits moins étendus. De plus l'exercice de la puissance paternelle n'est pas nécessairement attribué au père ; aucun texte ne lui accorde ce privilège, l'article 373 du Code civil ne réglant que la situation du mariage exclue par hypothèse de notre raisonnement. Rien ne s'oppose donc à ce que les deux parents naturels exercent simultanément leur autorité ; et si cet exercice simultané n'est pas possible, il n'y a aucune raison de le conférer au père à l'exclusion de la mère.

Ce sont les tribunaux qui décideront suivant les circonstances. La Jurisprudence leur reconnaît un grand pouvoir de limiter la puissance paternelle des père et mère naturels. Je me bornerai à citer quelques décisions.

Dès le 16 Frimaire an XIV la Cour d'Agen (2) décide

---

(1) Pour les enfants naturels non reconnus volontairement ou judiciairement, la question ne se pose même pas.
(2) Sirey, 1806, 2, 49.

que, lorsque la garde d'un enfant naturel reconnu est réclamée à la fois par le père et la mère, comme elle n'appartient pas plus à l'un qu'à l'autre, les juges doivent s'inspirer des circonstances, en se basant sur le plus grand intérêt de l'enfant. Par suite, les tribunaux peuvent confier la garde de celui-ci à la mère plutôt qu'au père (1).

La Cour de Caen, par arrêt du 27 août 1828 (2), reproduit le même principe, à savoir que la puissance des parents naturels n'est ni aussi entière ni aussi absolue que celle des parents légitimes, et qu'elle est soumise à toutes les modifications que l'intérêt de l'enfant peut exiger.

Il a été jugé pareillement que les tribunaux sont investis du droit de décider à qui du père ou de la mère d'un enfant naturel reconnu doit être confiée la garde de cet enfant, et que le père naturel n'a pas, comme le père légitime, de préférence à cet égard (3). Les tribunaux peuvent, dans l'intérêt de l'enfant, modifier l'exercice du droit de garde et d'éducation, et même confier le soin de son éducation à une tierce personne (4).

Enfin il a été décidé que la mère d'un enfant naturel placé dans une pension peut, sur la demande du père, être privée du droit de le faire sortir, si l'inconduite de la mère exige cette mesure (5).

Toutefois si les parents d'un enfant naturel reconnu peuvent être privés de la garde de cet enfant dans son

---

(1) Rennes, 30 juillet 1812. — Pau, 13 février 1822. Sirey, 1823, 2, 89.
(2) Sirey, 1830, 2, 245.
(3) Riom, 26 juillet 1854. Sirey, 1855, 2. 13.
(4) Lyon, 8 mars 1859. Sirey, 1860, 2, 431.
(5) Paris, 4 juillet 1836. Sirey, 1838, 2, 444.

intérêt, ils ne sauraient, *sans une juste cause de déchéance ou d'indignité,* être privés du droit de le voir et de le visiter dans des conditions déterminées par les magistrats (1).

(1) Paris, 19 mai 1882. Sirey, 1882, 2, 164.

LIVRE III

DÉCHÉANCES DES LOIS SPÉCIALES

---

76. La puissance paternelle n'est pas seulement limitée et restreinte par les dispositions du Code civil et du Code pénal. Certaines lois spéciales l'ont atteinte dans les droits qui la constituent.

Ce sont les lois relatives :

1° à l'assistance publique ;

2° au travail des enfants dans l'industrie ;

3° à la protection des enfants employés dans les professions ambulantes ;

4° à la protection des nourrissons ;

5° aux caisses d'épargne postales ;

6° à l'instruction obligatoire.

CHAPITRE PREMIER

De l'Assistance publique

77. Les enfants abandonnés recueillis par l'Assistance publique sont, en vertu de l'article 1 de la loi du 15 pluviose an XIII, sous la tutelle des commissions administratives des hospices qui les ont recueillis.

L'Assistance publique est donc investie d'une tutelle, alors que les parents de l'enfant vivent encore et n'ont encouru aucune déchéance. Le père est privé de la garde de son fils ; mais cette privation est volontaire ; aussi est-il impossible de voir dans cette hypothèse une véritable atteinte à la puissance paternelle. Il y a plutôt une sorte de délégation implicite résultant du fait de l'abandon, délégation qui suppose justement l'exercice de la puissance.

L'article 4 de la loi du 10 janvier 1849 permet à la commission administrative d'émanciper son pupille à quinze ans, et c'est le receveur de l'hospice qui est curateur (art. 5). De plus on reconnaît que l'administration a le droit de consentir au mariage de l'enfant abandonné.

CHAPITRE II

Du travail des enfants dans l'industrie

78. Jusqu'en 1841 aucune limitation autre que celles de nos Codes ne fut apportée à l'exercice de la puissance paternelle que l'on considérait comme inviolable. On déclarait hautement que le père ne relevait que de sa conscience dans l'usage qu'il faisait de son autorité.

En 1824 M. Chrestien de Poly, vice-président du tribunal de la Seine, faisait paraître un *Essai sur la puissance paternelle* dans lequel il gémissait sur l'état des mœurs et blâmait la mollesse de nos lois. Il proposait un projet dont le but était de fortifier l'autorité du père. Il reconnaissait toutefois que, dans certains cas, les parents devraient être privés de leur puissance, ainsi lorsque la séparation de corps aurait été prononcée aux torts du père. Son projet était, dit M. Baulet dans un article bibliographique (1), de « réprimer et de punir les abus de la puissance paternelle, l'inceste, la débauche, ou même, suivant l'expression de l'auteur, le maquerellage, les excès et les sévices, les provocations au vol, ou à des actes, écrits et propos séditieux ; enfin de créer des tribu-

_____

(1) Thémis, tome II, p. 19.

« naux, des chambres royales et des collèges royaux
« de censure. »

79. *En 1841* le législateur fit un premier pas,
encore bien timide, dans la voie de la répression des
abus. *La loi du 22 mars relative au travail des
enfants employés dans les manufactures, usines
et ateliers* enlève au père le droit de faire exécuter à
ses fils, quel que soit leur âge, les travaux qu'il lui
plaît. En effet les enfants ne peuvent être admis avant
huit ans dans les usines et manufactures à moteurs
mécaniques ou à feu continu et dans leurs dépen-
dances (art. 1er), ainsi que dans les fabriques occupant
plus de vingt ouvriers réunis en ateliers (art. 2). A
partir de huit ans la durée du travail est réglementée
(art. 2), et le travail de nuit interdit aux jeunes gens
mineurs de seize ans, sauf dans des cas exceptionnels.
De plus les mineurs de seize ans ne pourront travailler les dimanches et jours de fêtes légales (art. 4).
Enfin les enfants ne sont admis au travail que si les
parents justifient qu'ils fréquentent une école et ont
reçu l'instruction primaire élémentaire (art. 5). Un
règlement d'administration publique devra assurer
l'enseignement religieux des enfants (art. 8).

80. La loi des 19 mai-3 juin 1874 a été beaucoup
plus hardie. Mais avant de passer à l'examen de ses
dispositions, il faut consacrer quelques lignes à *la loi
des 22 janvier, 3-22 février, 4 mars 1851 relative
aux contrats d'apprentissage.*

Le père conserve le droit de mettre son enfant
en apprentissage à l'âge qu'il lui plaira. Seulement
son droit de garde est restreint, en ce sens qu'il ne
peut plus confier l'enfant au premier individu venu.
Celui chez lequel il placera son fils doit avoir au
moins vingt-et-un ans (art. 4), n'avoir jamais été

condamné pour crime ou pour attentat aux mœurs, ni même à plus de trois mois d'emprisonnement par application des art. 388, 401, 405, 406, 407, 408 et 423 du Code pénal, c'est-à-dire pour vol, escroquerie ou abus de confiance (art. 6). S'il s'agit de jeunes filles aucun maître célibataire ou en état de veuvage ne peut les loger comme apprenties. La durée du travail est réglementée (art. 9) et des précautions sont prises pour laisser à l'enfant la possibilité de terminer son instruction élémentaire et sa première éducation religieuse (art. 10). L'apprenti ne peut jamais être employé à des travaux insalubres ou qui seraient au-dessus de ses forces (art. 8 *in fine*).

Remarquons que toutes ces prohibitions ne s'appliquent pas lorsque l'enfant travaille chez son père. La loi s'arrête au seuil du foyer domestique où le père reste maître absolu.

81. *La loi des 19 mai-3 juin 1874 sur le travail des enfants et des filles mineures employés dans l'industrie* édicte des mesures relatives à la santé de ces enfants et à leur instruction ; elle limite par conséquent l'autorité des parents.

Les enfants ne peuvent être employés aux travaux industriels ni être admis dans les manufactures avant l'âge de douze ans révolus (art. 2), avant celui de dix ans pour certains travaux (Décret du 27 mars 1875). La durée du travail est limitée (art. 4 et 5) jusqu'à seize ans.

Les dimanches et jours fériés sont des jours de repos pour les enfants de moins de seize ans et les jeunes filles mineures de vingt et un ans, qui ne seront employés à aucun travail par leurs patrons, même pour rangement de l'atelier (art. 5). Il y a cependant une exception pour les travaux indispensables des usines à feu continu (art. 6 et décret du 22 mai 1875).

Les jeunes fiille de moins de vingt et un ans et les jeunes gens de moins de seize ans ne peuvent être employés à aucun travail de nuit (art. 4) sauf au cas de force majeure ou d'accident (art. 4 et 6).

Le travail souterrain est interdit d'une façon absolue à la femme; il en est de même pour les jeunes hommes d'au-dessous de douze ans. De douze à seize ans les conditions de ce travail sont déterminées par des règlements d'administration publique. Enfin en ce qui concerne les travaux insalubres des règlements de même nature désigneront les travaux interdits aux enfants (art. 12 et décret du 13 mai 1875).

Telles sont les mesures relatives à la santé des enfants. Le législateur de 1874 ne s'en est pas contenté, il s'est aussi occupé de l'instruction.

La loi du 19 mai 1874 a posé le principe de l'instruction obligatoire. « Nul enfant, dispose l'article 8, « ayant moins de douze ans révolus, ne peut être em- « ployé par son patron qu'autant que ses parents ou « tuteur justifient qu'il fréquente actuellement une « école publique ou privée. — Tout enfant admis « avant douze ans dans un atelier devra, jusqu'à cet « âge, suivre les classes d'une école pendant le « temps libre de travail. — Il devra recevoir l'instruc- « tion pendant deux heures au moins, si une école « spéciale est attachée à l'établissement industriel. « — La fréquentation de l'école sera constatée au « au moyen d'une feuille de présence dressée par « l'instituteur et remise chaque semaine au patron. » Aucun enfant ne peut avant quinze ans travailler plus de six heures par jour, s'il ne justifie avoir acquis l'instruction primaire élémentaire (art. 9).

Lors de la discussion de cette loi il a été bien entendu, aux Chambres, que l'expression *atelier*

excluait la maison paternelle. Les travaux qu'un père
fait exécuter chez lui à son enfant échappent aux
prescriptions légales (1).

82. L'année 1874 a vu encore la promulgation de
deux lois restrictives de la puissance paternelle :
celles des 7 et 23 décembre que nous allons étudier
dans les deux chapitres suivants.

---

(1) La loi du 2 novembre 1892 que nous étudierons dans notre
troisième partie a complété et modifié cette réglementation du
travail en restreignant toujours davantage le droit des parents.

CHAPITRE III

De la protection des enfants employés dans les professions ambulantes

83. C'est à cette protection qu'est relative la loi des 7-20 décembre 1874. Il faut mettre cette loi en regard de l'article 335 du Code pénal, elle est comme lui un préliminaire de la loi du 24 juillet 1889. Son originalité, au point de vue qui nous occupe, consiste à permettre aux magistrats, dans certaines hypothèses données, de prononcer la privation des droits de la puissance paternelle ; elle institue une véritable déchéance,

84. La loi prévoit quatre sortes de délits qu'elle réprime :

1° Les père et mère ont livré gratuitement ou à prix d'argent leurs enfants âgés de moins de seize ans, aux individus exerçant les professions d'acrobate, saltimbanque, charlatan, montreur d'animaux ou directeur de cirque ; la peine est alors de six mois à deux ans d'emprisonnement et de seize à deux cents francs d'amende (art. 2) ;

2° Les père et mère exercent eux-mêmes les professions ci-dessus indiquées et y utilisent leurs enfants au-dessous de douze ans ; les pénalités sont les mêmes (art. 1) ;

3° Les père et mère ont placé leurs enfants

mineurs de seize ans sous la conduite de vagabonds, de gens sans aveu ou faisant métier de la mendicité ; la peine est celle portée en l'article premier (art. 2) ;

4° Les père et mère emploient, pour leur compte, leurs enfants de moins de seize ans, à la mendicité habituelle, soit ouvertement, soit sous l'apparence d'une profession ; l'article 276 du Code pénal est applicable (art. 3).

Dans l'une quelconque de ces quatre hypothèses, le tribunal se trouve investi du pouvoir de prononcer avec la condamnation, la privation des droits de la puissance paternelle. L'article 3 § final dispose en effet que « les pères et mères pourront êtres privés des « droits de la puissance paternelle. »

85. Il est intéressant de comparer cette déchéance à celle organisée par l'article 335 du Code pénal.

D'abord, ainsi que nous l'avons vu, la déchéance prononcée contre le père coupable d'excitation à la débauche de ses enfants, ne s'applique qu'aux droits de la puissance paternelle établis dans le seul livre I, titre IX du Code civil. La déchéance de la loi de 1874 est plus vaste : les tribunaux peuvent priver des droits de la puissance paternelle sans aucune limitation.

On sait que l'article 335 attache à la condamnation pour excitation à la débauche, comme accessoire, la déchéance de l'autorité paternelle ; la déchéance existe de plein droit sans que les tribunaux soient tenus de la prononcer. La déchéance prévue par la loi de 1874 est facultative ; le magistrat a un pouvoir d'appréciation et s'inspirera des circonstances.

Enfin la déchéance du Code pénal n'a lieu qu'à l'égard de l'enfant victime du délit. Il semble au contraire que la loi de 1874 ne contenant aucune restriction, la déchéance qu'elle institue aura lieu à l'égard de tous les enfants du père coupable.

CHAPITRE IV

De la protection des nourrissons

86. Aux termes de la loi des 23 décembre 1874-8 janvier 1875 l'autorité publique est investie d'un droit de surveillance étendu (art. 1 et 2) pour la protection des enfants du premier âge et en particulier des nourrissons. Cette surveillance limite forcément les droits des parents, spécialement le droit de garde. Les père et mère ne sont pas libres de confier leur enfant à une personne de leur choix ; ils doivent, s'ils veulent le mettre en nourrice, se conformer aux dispositions légales, c'est-à-dire le placer chez une personne munie de certains certificats exigés par les règlements (art. 8).

Les parents doivent en outre, sous les peines prévues par l'article 346 du Code pénal (1), faire la déclaration de placement de l'enfant à la mairie de la commune où a été faite la déclaration de naissance ou à la mairie de la résidence actuelle du déclarant, en indiquant dans ce cas le lieu de la naissance de l'enfant. Ils sont tenus de remettre à la nourrice ou à la gardeuse un bulletin contenant extrait de l'acte de naissance du nourrisson (art. 7).

---

(1) Emprisonnement de six jours à six mois et amende de 16 à 300 francs.

La loi du 23 décembre ne s'arrête pas là. Elle défend aux mères des enfants pauvres de les sevrer avant le temps pour se placer comme nourrices. L'article 8 dispose dans son deuxième paragraphe que « toute « personne qui veut se placer comme nourrice sur « lieu est tenue de se munir d'un certificat du maire « de sa résidence, indiquant si son dernier enfant est « vivant, et constatant qu'il est âgé de sept mois révo- « lus, ou, s'il n'a pas atteint cet âge, qu'il est allaité « par une autre femme remplissant les conditions qui « seront déterminées par un règlement d'administra- « tion publique. »

CHAPITRE V

De la loi du 9 avril 1881 organique des Caisses d'épargne postales

87. L'article 6 de cette loi porte atteinte au droit du père administrateur. En vertu de ce texte « les mineurs seront admis à se faire ouvrir des livrets sans l'intervention de leur représentant légal. »

Relativement au retrait des fonds qui ont été versés, il faut distinguer, si le livret a été ouvert au mineur agissant seul, le cas où ledit mineur a moins de seize ans de celui où il a seize ans révolus. Lorsque le mineur a moins de seize ans le remboursement ne peut être opéré qu'en présence et sur le consentement de son représentant légal, c'est-à-dire de son père (décr. 31 août 1881, art. 20). A partir de seize ans le mineur devient pleinement capable d'opérer les retraits, mais son représentant légal conserve le droit de faire opposition (loi du 9 avril 1881, art. 6).

CHAPITRE VI

De l'Instruction obligatoire

88. Le principe de l'instruction obligatoire est formulé dans le décret du 29 frimaire an II de la République, article 6 : « Les pères, mères. tuteurs et curateurs sont tenus d'envoyer leurs enfants ou pupilles aux écoles du premier degré d'instruction. »

Ce principe ne fut pas maintenu. On demanda de le poser à nouveau en 1850 ; il fut rejeté. Mais il a fini par triompher dans la loi du 28 mars 1882.

Il est certain que l'établissement de l'instruction obligatoire porte une atteinte grave à l'autorité paternelle. Le père cesse de pouvoir disposer à son gré de la vie de son fils ; celui-ci doit étudier.

L'article 4 dispose que « l'instruction primaire est « obligatoire pour les enfants des deux sexes âgés de « six ans révolus, elle peut être donnée, soit dans les « établissements d'instruction primaire ou secon- « daire, soit dans les écoles publiques ou libres, soit « dans les familles, par le père de famille lui-même ou « par toute personne qu'il aura choisie. » Ainsi pen dant sept ans le père n'est plus libre de régler l'emploi du temps de ses enfants ; il est tenu de leur faire donner une instruction primaire suffisante.

Lorsque l'enfant fréquente l'école publique, soit après option du père, soit, à défaut de déclaration de celui-ci, par inscription d'office (article 8), chacune de ses absences doit être motivée. Si l'enfant a, pendant un mois, quatre absences d'un demi-jour injustifiées, le père est blâmé par la commission scolaire. La récidive dans les douze mois donne lieu à l'inscription à la porte de la mairie du nom du père contrevenant (article 13). Enfin une nouvelle récidive entraîne une peine d'amende et d'emprisonnement prononcée par le tribunal de simple police (article 14).

Lorsque l'enfant reçoit l'instruction dans sa famille, il est soumis chaque année à l'examen d'un jury ; en cas d'instruction insuffisante non justifiée les parents sont mis en demeure d'envoyer l'enfant, dans la huitaine, à une école publique ou privée.

89. Le droit du père est blessé par la détermination arbitraire du programme imposé et peut-être aussi par la composition du jury d'examen. En fait, la puissance paternelle se trouve sérieusement atteinte. Supposons qu'il n'existe dans la commune et fort loin aux environs que des écoles dites neutres et laïques ; le père, et c'est son droit, veut faire donner à son enfant une éducation et une instruction religieuses, matériellement cela lui est impossible et il doit, de par la loi, l'envoyer dans une école qui n'a pas sa confiance et où l'on enseigne la morale civique au lieu de la morale chrétienne. L'hypothèse inverse pourrait, au moins en théorie, se présenter. C'est là l'atteinte la plus sérieuse portée à la puissance paternelle.

De telles situations, à mon avis, dispensent le père de faire donner l'instruction primaire à l'enfant, et je crois que les commissions municipales devraient apprécier largement, sans esprit de parti, ces circonstances invoquées comme excuses (loi du 28 mars 1882, article 10, § final). On doit même regretter de voir ce pouvoir aux mains des commissions municipales qui ne présentent pas des garanties suffisantes. Pourquoi n'avoir pas donné aux tribunaux civils l'appréciation de ces faits, voire même la sanction, puisqu'il s'agit en définitive d'une restriction à l'autorité des parents, et que les tribunaux civils sont et doivent toujours être les gardiens de la puissance paternelle?

TROISIÈME PARTIE

LA DÉCHÉANCE DE LA PUISSANCE
PATERNELLE
DEPUIS LA LOI DU 24 JUILLET 1889

---

90. *Division :* Deux livres seront consacrés à l'étude de cette importante partie. Le premier contiendra l'exposé de la loi du 24 juillet 1889, le deuxième aura pour objet les dispositions règlementant le travail des enfants et des filles mineures. Enfin, sous forme d'appendice, nous traiterons en quelques lignes de la proposition de loi de M. l'abbé Lemire relative à la suppression de certains des actes respectueux exigés par le Code civil au cas de refus de consentement des parents au mariage de leurs descendants.

LIVRE PREMIER

ÉTUDE DE LA LOI DU 24 JUILLET 1889 SUR LA PROTECTION DES ENFANTS MALTRAITÉS OU MORALEMENT ABANDONNÉS

---

91. La loi du 24 juillet 1889 sur la protection des enfants maltraités ou moralement abandonnés est la loi organique de la déchéance de la puissance paternelle dans notre droit.

Cette loi résulte de la combinaison de divers projets d'initiative parlementaire et gouvernementale.

En 1881, le 27 janvier, M. Théophile Roussel, au nom de MM. Bérenger, Dufaure, Fourichon, Schœlcher et au sien, déposa sur le bureau du Sénat une proposition de loi ayant pour objet la protection des enfants abandonnés, délaissés ou maltraités; le renvoi à la commission d'initiative fut prononcé (1).

De 1881 à 1889 le projet subit bien des vicissitudes; enfin, après une longue discussion à la Chambre haute et un vote rapide à la Chambre des Députés, la loi fut promulguée.

92. Son but est apparent : elle veut porter une réforme indispensable à la situation légale des enfants malheureux que l'abandon matériel, le délaissement moral, l'inconduite ou les sévices des parents, livrent,

---

(1) Journ. Off. 1881. Déb. parl. Sénat, p. 17.

sans défense, à tous les mauvais penchants, à la dé-
pravation précoce, aux délits et aux crimes. La volonté
du législateur est, d'après l'exposé des motifs du projet présenté par M. Roussel (1), de « soustraire l'en-
« fant abandonné, délaissé, maltraité, aux défaillances,
« aux abus et aux excès de la puissance paternelle, en
« lui assurant, avec l'éducation, un abri et une pro-
« tection jusqu'à sa majorité. »

Il est incontestable que la situation devait attirer
l'attention du législateur. Depuis quelques années
l'enfance malheureuse réclamait des mesures de protection. M. G. Bonjean, dont on connaît la grande
compétence en cette matière, évaluait, dans sa com-
munication du 9 décembre 1879 à la Société générale
des prisons, à cent mille au moins le nombre des
enfants qui végètent dans l'abandon et qui chaque
année fournissent vingt mille individus à ce qu'on est
convenu d'appeler l'armée du vice et du crime.

On a fait des enquêtes, on s'est adressé aux direc-
teurs des établissements de charité français, et on
leur a demandé ce qu'ils redoutaient le plus pour la
persévérance dans le bien des mineurs qu'ils avaient
recueillis ou qui leur avaient été confiés. Tous, catholi-
ques, protestants, congréganistes, laïques, ont répondu
avec unanimité que leur plus grand ennemi était la puissance paternelle. Les retraits prématurés des enfants
et l'influence des familles qui provoquent ces retraits
sont, disaient-ils (2), les plus grands fléaux de la
charité et les plus sérieux obstacles au succès de ses
efforts en faveur de l'enfance. Une fois rentré dans sa
famille l'enfant secouru, pour l'éducation duquel on

---

(1) Journ. Off. 1881. Sénat. Annexes, p. 34.
(2) Journ. Off. 1881. Sénat. Annexes. Exposé des motifs du
projet Roussel, p. 36.

a fait tant de sacrifices, est bientôt perverti et se laisse aller à ses mauvais penchants, ou bien il devient un instrument d'acquisition pour ses parents qui trafiquent de ses forces, de sa santé ou de sa vertu.

Remédier à un tel état de choses en limitant et restreignant les droits du père, voilà ce que devait faire la loi du 24 juillet 1889. Nous verrons ultérieurement si elle n'a pas dépassé ce but. Avant d'examiner cette question, nous devons entrer dans l'étude détaillée de la loi.

93. La loi du 24 juillet 1889 comprend deux titres dont le premier traite de la déchéance de la puissance paternelle ainsi que des questions qui s'y rattachent, et le second est consacré à « la protection des mineurs « placés avec ou sans l'intervention des parents. » Le titre I compte les articles 1 à 16 inclus; le titre II les articles 17 à 26.

Le titre I nous arrêtera longtemps; c'est l'objet principal de notre étude puisqu'il organise la déchéance. Nous passerons ensuite rapidement sur le titre II en signalant seulement les atteintes que le législateur y a apportées à la puissance paternelle.

TITRE PREMIER

———— .

94. Le titre Ier de la loi du 24 juillet 1889 n'a pas de rubrique. Il se subdivise en trois chapitres.

Le chapitre 1er est consacré à la déchéance de la puissance paternelle (art. 1 à 9 inclus).

Le chapitre II traite de l'organisation de la tutelle au cas de déchéance prononcée (art. 10 à 14 inclus).

Le chapitre III contient les dispositions relatives à la restitution de la puissance paternelle (art. 14 à 16).

————————

CHAPITRE PREMIER

De la déchéance de la puissance paternelle

95. Ce chapitre organise la déchéance de la puissance paternelle dans notre droit.

Est-il bon d'organiser ainsi une pareille déchéance, de la consacrer par une loi spéciale pour en faire le droit commun de la France?

Nous avons vu par quels détours peu juridiques les tribunaux intervenaient, avant la loi de 1889, pour protéger l'enfant contre l'indignité des parents. L'intervention du législateur s'imposait; il fallait porter un remède au mal dont se plaignaient les institutions de bienfaisance. Seulement peut-être peut-on dire que la loi a dépassé la mesure, qu'elle a édicté la déchéance dans un trop grand nombre de cas, ainsi que nous nous en rendrons facilement compte en étudiant les art. 1 et 2.

Dans le chapitre 1er le législateur établit d'abord les cas de la déchéance de la puissance paternelle (art. 1 et 2). Il règle ensuite la procédure à suivre dans l'instance en déchéance (art. 3, 4, 6 et 7) et donne aux tribunaux le pouvoir de prendre, au cours de cette instance, certaines mesures provisoires (art. 5). Enfin il détermine les effets de la déchéance prononcée.

SECTION PREMIÈRE. — Des cas de déchéance.

96. La loi du 24 juillet 1889 organise deux sortes de déchéance : la déchéance de plein droit et la déchéance facultative.

§ Ier DE LA DÉCHÉANCE DE PLEIN DROIT.

97. La déchéance de plein droit résulte de l'indignité du père constatée par des condamnations suffisamment graves ; le juge n'a pas besoin de la prononcer, elle est attachée à la peine principale par un lien intime, c'est une peine accessoire légale qui fait corps avec la peine principale prononcée. Cela résulte sans contestation possible des termes mêmes employés « les père et mère... sont déchus *de plein droit* » (art. 1) et de l'intention certaine des rédacteurs de la loi qui n'ont pu vouloir qu'au cas d'indignité manifeste des parents, la déchéance, mesure de protection en faveur de l'enfant, dépendît d'un oubli ou d'une distraction du magistrat. C'était du reste déjà la solution adoptée sur l'article 335 du Code pénal dont les termes étaient cependant moins énergiques et moins précis (1).

98. La déchéance de plein droit est réglée dans l'article premier. Elle a lieu :

1° Au cas de condamnation des parents par application du paragraphe 2 de l'article 334 du Code pénal ;

2° Lorsque les père et mère sont condamnés comme auteurs, co-auteurs ou complices d'un crime ou d'un

---

(1) Didier. Etude sur la loi de 1889, p. 64. — *Contrà* Charmont. La loi du 24 juillet 1889 et son application. Revue critique, 1891, p. 54, note 2.

délit commis sur la personne d'un ou de plusieurs de leurs enfants, avec cette distinction que pour un crime une seule condamnation suffit et que pour un délit deux condamnations sont nécessaires.

3° Lorsqu'ils sont condamnés comme auteurs, co-auteurs ou complices d'un crime commis par un ou plusieurs de leurs enfants;

4° Au cas de deux condamnations pour excitation habituelle de mineurs à la débauche.

Le tableau ci-dessous donnera une idée exacte des différents cas de déchéance de plein droit :

MATIÈRE DES CONDAMNATIONS	NOMBRE DES CONDAMNATIONS
Proxénétisme (C. p. art. 334 2ᵉ al.)..........	1
Crimes commis *sur la personne de leurs enfants*................................	1
Délits commis *sur la personne de leurs enfants*	2
Crimes commis *par leurs enfants*	1
Excitation habituelle de mineurs à la débauche	2

99. L'article 1ᵉʳ édicte la déchéance de plein droit contre les parents qui auront été condamnés comme complices d'un crime commis par un ou plusieurs de leurs enfants. Cette disposition a soulevé une protestation à la Chambre des députés (1).

M. Boreau-Lajanadie prétendait que le texte dans

(1) Journ. Off. Chambre des Députés. Déb. parl. Séance du 25 mai 1889.

sa généralité était d'une rigueur cruelle violant les plus élémentaires principes de justice.

On n'a pas tenu compte de ses observations, cependant elles étaient fondées. L'orateur citait ce fait possible de parents recélant des objets volés pour sauver leur enfant coupable, c'est-à-dire se rendant complices de son vol, vol qui par hypothèse est un vol qualifié, un crime. La Cour d'assises les condamne, et ils sont de plein droit déchus de la puissance paternelle dont ils n'ont pas mésusé. Cette solution est manifestement excessive ; elle blesse la conscience en ne laissant pas aux juges un pouvoir d'appréciation.

De même voici un père qui blesse par imprudence, imprudence bien légère peut-être, un de ses enfants, il est condamné à 16 francs d'amende ; le même malheur lui arrive une seconde fois, il est à nouveau condamné et encourt de plein droit la déchéance de son autorité à l'égard de tous ses enfants nés et à naître. C'est monstrueux. La Chambre ne s'est pas arrêtée à ces observations, le rapporteur ayant répondu que dans les cas où la corruption des père et mère apparaît comme menaçante pour la sécurité et la moralité des enfants, elle commande d'édicter la déchéance de droit (1). C'était ne pas répondre ; encore une fois le bon sens et la saine justice étaient mis en échec. Le seul moyen d'éviter une solution révoltante était de laisser les magistrats juges souverains du point de savoir si la corruption des parents devenait menaçante, suivant l'expression du rapporteur.

100. L'article 1er prononce encore la déchéance de plein droit contre les père et mère condamnés pour

(1) Journ. Off. 1889. Chambre des Députés. Déb. parl. Séance du 25 mai 1889, p. 1122.

crimes ou délits sur la personne d'un ou de plusleurs de leurs enfants (art. 1er, 2e et 3e). Par ces mots crimes et délits sur la personne de l'enfant, le législateur a-t-il voulu entendre seulement les crimes et délits prévus et punis par les articles 345 à 354 inclusivement du Code pénal, puisque ce sont les seuls que ce Code qualifie de « crimes et délits envers l'enfant » ? (1)

Il me semble qu'il faut donner une portée plus vaste aux expressions employées par les rédacteurs de la loi de 1889. Ils ont voulu prévoir non seulement les crimes et délits énoncés aux articles 345 et suivants du Code pénal, mais tous les crimes ou délits, quels qu'ils soient, qui sont commis par des parents sur la personne de leurs enfants. Cette interprétation répond bien à l'idée d'un législateur qui s'est préoccupé d'étendre la déchéance jusqu'aux simples condamnations pour ivrognerie, beaucoup moins graves évidemment. Il est hors de doute d'ailleurs, étant donné l'esprit qui a présidé à la confection de la loi, que le père condamné pour attentat à la pudeur sur ses propres enfants doit être déchu de plein droit de sa puissance. Or si on voulait admettre l'interprétation restrictive que nous avons signalée ci-dessus, il faudrait décider que, dans ce cas, la déchéance ne serait pas encourue, tandis qu'elle le serait par le coupable de suppression d'un enfant qui n'aurait pas vécu (Cod. pén., art. 345, 3e al.)!

La loi a donc comblé une lacune de notre législation. Nous avons indiqué en son temps que l'article 335 du Code pénal, d'après certaine théorie, ne frappait de la déchéance que le père coupable de proxénétisme; on déplorait cette solution incomplète. Aujourd'hui il

---

(1) Code pénal, liv. III, tit. II, chap. I, sect. VI, § 1 intitulé.

G. — 7

n'en est plus ainsi ; le père qui corrompt son enfant pour la satisfaction de ses propres passions sera au même titre privé de l'autorité dont il aura abusé.

101. Nous avons ainsi examiné l'article 1ᵉʳ de la loi du 24 juillet 1889 qui organise la déchéance de plein droit. Dans le paragraphe suivant nous allons étudier la déchéance facultative, c'est-à-dire les dispositions de l'article 2.

§ 2. — De la Déchéance facultative.

102. L'article 2 détermine les cas de déchéance facultative de la puissance paternelle : « *Peuvent* être déclarés déchus des mêmes droits... » Cette déchéance a lieu dans six hypothèses dont quatre supposent des condamnations prononcées par les tribunaux de répression, et deux sont en dehors de toute condamnation pénale des parents :

1º Les condamnations aux travaux forcés ou à la réclusion pour crimes autres que ceux prévus par les articles 86 à 101 du Code pénal, c'est-à-dire pour tous les crimes, sauf les crimes contre la sûreté intérieure de l'Etat, peuvent entraîner la déchéance ;

2º Il en est de même de deux condamnations pour délits de séquestration, suppression, exposition ou abandon d'enfants ou pour vagabondage ;

3º La déchéance est encore facultative si les parents sont condamnés pour ivresse publique à des peines correctionnelles pour troisième récidive et plus ou par application des articles 1, 2 et 3 de la loi du 7 décembre 1874 relative à la protection des enfants employés dans les professions ambulantes ;

4º Si les père et mère sont condamnés une première fois pour excitation habituelle de mineurs à la débauche ;

5° La déchéance peut être encore prononcée contre les parents dont l'enfant a été enfermé dans une maison de correction par application de l'article 66 du Code pénal ;

6° Et contre ceux qui « par leur ivrognerie habi-« tuelle, leur inconduite notoire et scandaleuse ou par « de mauvais traitements, compromettent soit la « santé, soit la sécurité, soit la moralité de leurs « enfants. »

Nous donnons ici, comme pour la déchéance de plein droit, un tableau destiné à faciliter l'explication de l'article 2 de la loi du 24 juillet 1889 :

	MATIÈRE DES CONDAMNATIONS	NATURE DE LA PEINE	NOMBRE des Condamnations
DÉCHÉANCE au cas de condamnation des parents	Crimes autres que ceux contre la sûreté intérieure de l'État..................	travaux forcés à perp. — — à temps réclusion	1
	Crimes ou délits de séquestration, suppression, exposition ou abandon d'enfants...	....	2
	Délits de vagabondage..................	....	2
	Ivresse publique..................	Peines correction- nelles (3ᵉ récidive et plus)	1
	Infractions à la loi du 7 décembre 1874, art. 1, 2 et 3..................	....	1
	Excitation habituelle de mineurs à la débauche	....	1
DÉCHÉANCE en dehors de toute condamnation des parents	Enfant conduit dans une maison de correction par application de l'art. 66 du Code pénal.		
	Compromis-sion de la { santé sécurité ou moralité } des enfants par	{ l'inconduite notoire et scandaleuse l'ivrognerie habituelle ou les mauvais traite-ments } des parents	

103. En vertu de l'article 2 les tribunaux se trouvent investis du droit de prononcer, dans certains cas, la déchéance de la puissance paternelle en appréciant l'utilité de cette mesure et son opportunité dans l'intérêt de l'enfant.

La loi suppose qu'une condamnation pour crime
aux travaux forcés ou à la réclusion dénote chez celui
qui l'a encourue une profonde perversité du sens
moral, elle présume qu'un tel individu n'est point
capable de remplir ses devoirs de père, aussi s'adressant aux tribunaux elle leur tient ce langage: « Voyez
si ma présomption est justifiée; si oui, vous pronon-
cerez la déchéance ; si non, si vous croyez que le
condamné n'est pas un mauvais père, vous lui lais-
serez le plein et entier exercice de sa puissance ».

104. On peut se demander pourquoi le législateur
de 1889 a cru devoir ranger dans les cas de déchéance
facultative les condamnations pour infraction aux
articles 1, 2 et 3 de la loi du 7 décembre 1874 relative à
la protection des enfants employés dans les professions
ambulantes, alors que cette loi elle-même (art. 2)
prononçait la privation de l'autorité paternelle, les
tribunaux jouissant d'un pouvoir d'appréciation. Il
semble qu'il y ait là une redite inutile. Cette redite, en
réalité, a été voulue ; on a désiré que la loi nouvelle
soit le Code complet de la déchéance de la puissance
paternelle. C'est le Conseil d'Etat qui, consulté sur le
projet, a ajouté la disposition relative à la loi du 7 décembre 1874 parce que la déchéance organisée par ce
texte n'était ni précisée, ni définie (1).

104 *bis*. La grande originalité de l'article 2 est qu'il
organise la déchéance en dehors de toute condamnation des parents (nᵒˢ 5 et 6).

105. Ce sont d'abord les père et mère dont l'enfant a été envoyé dans une maison de correction par
application de l'article 66 du Code pénal, qui peuvent,
si les tribunaux croient la mesure nécessaire, être

(1) Journ. Off. 1888. Chambre. Sess. extraord. Annexes,
p. 726.

déclarés déchus de leur autorité. On a à leur reprocher
en effet un défaut de surveillance qui *à priori* les met
en état de suspicion.

106. Ce sont ensuite les parents qui compromettent la santé, la sécurité ou la moralité de leurs
enfants par leur ivrognerie habituelle, leur inconduite notoire et scandaleuse ou par de mauvais traitements.

Cette disposition a soulevé beaucoup d'objections.
On a dit surtout qu'il était impossible de priver les
parents de leur puissance, de la *totalité* de leurs
droits, en dehors de toute condamnation, à moins
d'autoriser les enquêtes les plus scandaleuses et de
pénétrer jusqu'au foyer domestique. La réponse faite
à la Chambre fut que le législateur ne s'occupait pas
de la sécurité de la famille, mais de la protection de
l'enfant. On a espéré que les tribunaux seraient assez
respectueux de l'autorité paternelle, pour ne point
troubler les familles à la légère et créer des scandales
inutiles.

Le Conseil d'Etat était d'avis de supprimer l'ivrognerie habituelle comme cause de déchéance ; son
avis n'a pas prévalu. Le Parlement a pensé que l'ivro-
gne invétéré, l'alcoolique, est le plus mauvais des
pères, que de l'ivrognerie à l'immoralité il n'y a qu'un
pas, et que c'est surtout dans cette hypothèse que
l'enfance doit être protégée.

La proposition de loi présentée par la commission
le 25 juillet 1882 (1) au Sénat déclarait (art. 21) qu'en
dehors de toute condamnation les magistrats pourraient prononcer la déchéance « à l'égard des père et
« mère dont l'inconduite grave et prouvée serait de

(1) Journ. Off. Doc. parl. de janvier, avril et mai 1883, p. 133
et suiv., 581 et suiv.

« nature à compromettre, soit la santé, soit la sécurité,
« soit la moralité de leurs enfants. » Puis on substitua
à ces mots « inconduite grave et prouvée » ceux
« d'inconduite notoire. » Lors de la discussion, M. de
Gavardie fit remarquer que ces derniers termes étaient
bien vagues ; qu'est-ce qu'une inconduite notoire? La
proposition fut néanmoins votée (1). Le projet, que la
Chambre n'avait pas encore adopté, périma par suite
de la fin de la législature. On le reprit sur d'autres
bases et le Conseil d'Etat consulté écarta l'expression
« d'inconduite notoire » pour y substituer celle « d'abus
graves de la puissance paternelle » qui était bien plus
compréhensive (2). Sa rédaction ne prévalut pas ;
mais on a pensé que les simples termes « inconduite
notoire » étaient trop larges et pour les préciser on y a
ajouté le mot « scandaleuse. » C'est ainsi que s'explique la dernière rédaction de l'art. 2, n° 6 *in fine* de la
loi du 24 juillet 1889.

Les tribunaux ont déjà eu, à plusieurs reprises, à
appliquer ce texte. Ils ont décidé que la déchéance de
la puissance paternelle, pour être encourue dans les
termes de l'art. 2-6°, suppose, de la part du père, une
véritable indignité impliquant l'oubli de ses devoirs
envers ses enfants ; un système d'éducation plus ou
moins vicieux et l'abus du droit de correction ne
suffiraient pas pour la faire prononcer (3).

L'art. 2-6° serait encore inapplicable au père qui
aurait abandonné son enfant aux soins de tiers à raison de son état d'indigence (4) ; et même à celui qui

(1) Journ. Off. 8 juillet 1883. Sénat, Séance du 7 juillet. Déb.
parl., p. 840.
(2) Journ. Off. 1888. Chambre. Sess. extraord. Annexes,
p. 726.
(3) Trib. Toulouse, 3 juillet 1890. Journ. du Pal., 1891, p. 103.
(4) Paris, 8 août 1893. Sirey, 1893, 2, 252.

ayant obtenu le divorce entretient des relations illégi-
times avec une femme, s'il n'est pas établi qu'il ait
compromis la moralité de ses enfants en accomplissant
en leur présence des actes obscènes (1).

Au contraire peut être déclaré déchu de sa puissance
celui qui abandonne le domicile conjugal et qui cesse
de s'occuper de ses enfants, alors surtout qu'avant sa
disparition il menait une vie déréglée (2). La même
solution sera donnée au cas où le père, par son inconduite et sa paresse, aura laissé ses enfants manquer
des choses nécessaires à la vie (3).

107. Nous venons d'étudier les dispositions de
l'article 2 de la loi du 24 juillet 1889. Si nous les com-
parons à celles de l'article 1er, nous voyons que la
rédaction de ces deux textes peut donner lieu à de
grandes difficultés d'interprétation, et y a en effet
donné lieu dans la pratique.

108. Une première question se pose relativement
aux faits de séquestration, suppression, exposition ou
abandon d'enfants.

Le père coupable de tels faits sur la personne de son
enfant, étant donné que ces faits constituent seulement des délits, sera-t-il, après deux condamnations,
déchu de plein droit de sa puissance, ou bien encourt-
il simplement la déchéance facultative? En d'autres
termes appliquera-t-on l'article 1er-3° ou l'art. 2-2° ?

Le père sera déchu de plein droit. Cela résulte nettement des textes. L'article 1er-3° déclare déchu de
plein droit le père condamné deux fois pour délit
commis sur la personne de *ses* enfants ; l'article 2-2°

---

(1) Trib. Seine, 28 nov. 1891. Le Droit du 17 déc. 1891.
(2) Trib. Orléans, 12 août 1890. Gaz. Pal. 1891, 1, sup. 58. —
Voir encore : Trib. Dôle, 24 août 1889. Gaz. Pal. 1889, 2, 544.
— Grenoble, 13 juillet 1892. Sirey, 1893, 2, 92.
(3) Riom, 9 mai 1893. Sirey, 1894, 2, 167.

dit au contraire que peuvent être déchus les parents condamnés deux fois pour séquestration, abandon d'enfants. Cette différence de rédaction indique une différence de situations, l'article 1er vise les délits commis par le père sur ses propres enfants, l'article 2 les délits dont sont victimes des enfants quelconques des étrangers.

Cette solution est du reste en parfaite harmonie avec l'économie générale de la loi. Dans l'article 1er le législateur s'occupe des crimes et des délits commis par les parents sur la personne de leurs enfants, ainsi que de certains délits exceptionnellement graves ; ce sont des hypothèses dans lesquelles l'indignité du père est manifeste. Dans l'article 2 il prévoit tous les autres crimes et certains délits graves, l'indignité est une question d'appréciation. Le bon sens conduit à décider que toutes les fois que la condamnation aura été prononcée contre le père à raison d'un crime ou d'un délit sur la personne d'un de ses enfants, on appliquera l'article 1er : la déchéance aura lieu de plein droit. Dans les autres cas on se référera à l'article 2 : la déchéance sera facultative pour le tribunal.

109. Une deuxième question se pose relativement à l'interprétation de l'article 2 § 2. Faut-il pour que la déchéance s'applique, que les deux condamnations soient encourues à raison du même délit, c'est-à-dire deux fois pour suppression d'enfants, deux fois pour séquestration d'enfants, etc... ; ou bien suffit-il qu'elles le soient pour deux délits quelconques prévus par cet article 2 ?

Diverses opinions sont en présence.

M. Nillus (1) déclare qu'il n'y a pas lieu de distin-

_____

(1) Déchéance de la puissance parternelle, n° 76.

guer entre les divers délits qui ont motivé les condamnations.

M. Leloir (1) croit qu'il faut classer d'un côté les délits de séquestration, suppression et abandon d'enfants, de l'autre le délit de vagabondage. Il n'y aurait récidive dans le sens de l'article 2 § 2 que si les condamnations étaient prononcées pour délits de même catégorie.

Enfin, suivant M. Guény (2), le juge prononcera la déchéance quand l'intérêt de l'enfant l'exigera. Il sera maître d'agir à sa guise.

110. La pratique a fait connaître l'existence d'une nouvelle difficulté qui a été soulevée dans les conditions ci-après :

Une veuve Montel était accusée d'avoir supprimé l'enfant né vivant dont elle était accouchée. Traduite pour ce fait devant la Cour d'assises de la Drôme, elle fut reconnue coupable et condamnée à cinq ans de réclusion par arrêt du 26 octobre 1889. Dans cet arrêt la Cour visant l'article 2 de la loi du 24 juillet 1889 déclare qu'il n'y a pas lieu de prononcer la déchéance de la puissance paternelle. Pourvoi en cassation dans l'intérêt de la loi. Le 8 mars 1890 (3) la Cour suprême casse l'arrêt de la Cour d'assises de la Drôme par ce motif que, dans l'espèce, la déchéance était obligatoire pour le juge, et non pas seulement facultative.

La question résolue par la Cour de cassation était la suivante : Les père et mère condamnés à une peine criminelle pour séquestration, suppression, exposi-

---

(1) Code de la puissance paternelle, I, n° 427.

(2) Gaston Guény. De la protection des enfants maltraités et moralement abandonnés. Thèse, p. 54.

(3) Dal. P. 1890, 1, 233.

tion ou abandon d'enfants tombent-ils sous l'application de l'article 1-2° de la loi du 24 juillet 1889 et sont-ils déchus *de plein droit,* ou bien la déchéance est-elle *facultative* conformément à l'article 2-2° ? Il est bon avant d'entrer dans le détail de mettre les textes sous les yeux du lecteur :

En vertu de l'article 1-2° sont déchus de plein droit de la puissance paternelle, les père et mère « condamnés comme auteurs, co-auteurs ou complices « d'un crime commis sur la personne d'un ou de plu- « sieurs de leurs enfants. »

En vertu de l'article 2-2° peuvent être déclarés déchus les père et mère « comdamnés deux fois pour un « des faits suivants : séquestration, suppression, expo- « sition ou abandon d'enfants ou pour vagabondage. »

La Cour d'assises de la Drôme avait implicitement soutenu que la disposition applicable à la mère coupable du *crime* de suppression d'un de ses enfants était l'article 2-2°. Cette solution semble résulter du texte qui est formel et ne distingue pas entre les crimes et les délits de suppression, séquestration d'enfants. Dans ce système l'article 1er-2° qui punit les parents condamnés comme auteurs d'un crime commis sur la personne d'un ou de plusieurs de leurs enfants, verrait sa portée générale restreinte par la disposition de l'article 2-2°. Le sens de la loi serait alors celui-ci : sont déchus de plein droit les père et mère condamnés comme auteurs, co-auteurs ou complices d'un crime commis sur la personne de leurs enfants (art. 1-2°) ; toutefois s'il s'agit des crimes de suppression, séquestration, etc... la déchéance sera facultative et ne pourra dans tous les cas être prononcée qu'après deux condamnations (art. 2-2°).

Avec la Cour de cassation et M. de Loynes, professeur à la Faculté de Droit de Bordeaux (1), nous ne pouvons admettre ce système. A notre avis la mère coupable condamnée pour *crime* de suppression d'enfant est déchue de plein droit de la puissance paternelle. C'est bien là ce qu'a voulu le législateur de 1889.

En effet, la mère condamnée pour *crime* de suppression de son enfant est bien condamnée comme auteur d'un *crime* commis sur la personne d'un de ses enfants ; nous nous trouvons exactement dans les termes de l'article 1-2°.

On nous objecte, il est vrai, l'article 2-2° qui apporte une restriction à la généralité des termes de l'article 1-2°. Celui-ci serait la règle, celui-là l'exception.

La proposition est inexacte. Les articles 1-2° et 2-2° de la loi du 24 juillet 1889 ne sont pas unis par un semblable lien ; ce sont deux dispositions absolument indépendantes, l'un de ces textes s'applique aux crimes, l'autre aux délits. C'est ce qu'il s'agit de démontrer.

Et d'abord il est clair que l'article 2-2° ne peut viser que les délits de séquestration, suppression, etc... d'enfants.

Supposons pour un moment qu'il s'applique aux crimes de suppression d'enfants, etc... ; la mère coupable de tels crimes ne pourrait être déchue qu'après deux condamnations ; et en vertu de l'article 1-3° la mère condamnée deux fois pour un *délit* sur la personne de l'enfant serait déchue de plein droit ! C'est inadmissible. La bonne harmonie de la loi serait rompue. Il n'est pas permis de supposer que le législateur ait été aussi illogique. — Il serait de même inadmissi-

---

(1) Voir note sous arrêt de cassation précité.

ble qu'une mère condamnée *une fois*, par exemple, aux travaux forcés pour un crime de meurtre perpétré dans un moment de colère sur un étranger pût être déclarée déchue (art. 2-1°), alors que pour arriver à ce résultat, si elle a commis un crime de suppression, de séquestration ou d'abandon d'un de ses enfants, il faudrait deux condamnations.

Sans doute l'article 2-2° n'emploie pas le mot délit, mais un terme plus général : il parle de *faits*. On ne peut cependant rien tirer contre nous de cette terminologie. Le mot *fait* dans l'art. 2-2° est évidemment synonyme de *délit*, puisque tous les crimes sont compris dans l'article 1-2°. Si la loi avait, comme on voudrait le faire croire, posé une règle et une exception, il faudrait trouver l'exception immédiatement après la règle ou tout au moins le texte de celle-ci aurait réservé celle-là. Le législateur n'ayant pas procédé de cette façon, nous devons nécessairement admettre que les articles 1-2° et 2-2° contiennent des dispositions indépendantes, l'un traitant des crimes, l'autre des délits.

Du reste en admettant l'opinion contraire on est conduit à décider que la déchéance ne pourra être prononcée qu'au cas de récidive, le texte étant formel. Et alors quelle serait l'utilité de cette déchéance dont on a voulu faire une mesure de protection ? (1)

Au surplus les travaux préparatoires viennent encore à l'appui de la solution que nous proposons. Si l'on consulte les discussions à la Chambre et au Sénat, on remarque que chaque fois que l'article 2-2° (qui avait été successivement l'article 21, puis l'article 22

---

(1) Dal. P. 1890, 1, 235. Réquisit. de M. le Procureur Général près la Cour de cassation.

du projet) a été cité par les orateurs, il n'a jamais été question que de *délits* (1).

Résumons donc toute cette discussion en disant que la mère condamnée pour crime de suppression d'enfant doit être déchue de plein droit de la puissance paternelle.

111. Les nombreuses difficultés que nous venons de signaler dans ce paragraphe proviennent de la même cause : le défaut de précision des termes des articles 1 et 2. On peut regretter le peu de soin que met le législateur moderne à arrêter le texte et la forme des lois qu'il édicte.

SECTION II. — De la procédure.

112. Nous diviserons cette section en quatre paragraphes :

1° De l'introduction de l'instance ;

2° De l'instruction ;

3° Du jugement et de son exécution ;

4° Des voies de recours.

§ Iᵉʳ — DE L'INTRODUCTION DE L'INSTANCE.

113. En premier lieu *quelles sont les personnes qui peuvent introduire l'instance en déchéance ?*

L'article 3 de la loi du 24 juillet 1889 donne ce droit aux parents du mineur qu'il s'agit de protéger à la condition qu'ils soient au degré de cousin germain ou à un degré plus rapproché ; et en même temps au ministère public.

On a limité au degré de cousin germain pour les pa-

---

(1) Voir notamment Journ. Off. du 26 mai 1889. Séance du 25 Chambre des Députés. Déb. parl., p. 1124, colonne 3.

rents le droit de demander la déchéance afin de ne pas multiplier les demandes inconsidérées et parce qu'à ce degré le sentiment de solidarité entre membres de la famille est encore assez puissant pour éviter des scandales inutiles. Au-delà du quatrième degré cette dernière raison n'existe plus; ce n'est pas à dire cependant que les parents au-delà du quatrième degré soient absolument désarmés, ils se trouvent dans la situation de toute personne qui, connaissant des faits de nature à entraîner la déchéance de la puissance paternelle, peut s'adresser au ministère public qui sera juge de l'opportunité ou de l'inopportunité de l'action.

Le droit d'action a été accordé au ministère public parce qu'on a considéré que la puissance paternelle touchant à l'ordre public, l'intérêt social dont le ministère public est le défenseur né se trouvait en jeu ou pouvait se trouver en jeu. Aux magistrats des parquets d'apprécier s'ils doivent ou non user de leur droit. Du reste il était impossible de laisser l'enfant sans secours, au cas où les parents indiqués par l'article 3 refuseraient systématiquement d'agir.

114. *Quelle est la juridiction compétente ?*

« L'action en déchéance, dispose l'article 3, est intentée devant la chambre du conseil du tribunal du domicile ou de la résidence du père ou de la mère.»

C'est donc la chambre du conseil seule qui est compétente pour connaître de l'action. L'instance en déchéance portée à l'audience publique par voie d'ajournement, au lieu d'être intentée devant la chambre du conseil, et instruite sans les formes protectrices de la loi du 24 juillet 1889 serait non recevable (1).

---

(1) Trib. civ. de Saint-Quentin, 27 décemb, 1889. Gaz. Pal. 1890, 1, 175.

Il peut naître une difficulté relativement au point de savoir si l'action peut être indifféremment intentée devant le tribunal du domicile ou devant le tribunal de la résidence, lorsque les père et mère ont une résidence distincte de leur domicile. On pourrait soutenir que la compétence n'appartient au tribunal de la résidence que si le père n'a pas de domicile connu. Je crois au contraire qu'il y a une faculté pour le demandeur de choisir l'un ou l'autre tribunal; il semble qu'on ait voulu rendre l'action plus facile au ministère public du lieu de la résidence qui souvent sera mieux informé que celui du lieu du domicile, et en même temps permettre aux père et mère de défendre plus aisément à l'action intentée contre eux.

115. Le tribunal civil n'est pas seul compétent. Les tribunaux criminels ont eux aussi, dans certains cas, le pouvoir de prononcer la déchéance.

Quand il s'agit de la déchéance encourue de plein droit les tribunaux qui prononcent les condamnations peuvent en même temps statuer sur la déchéance (art. 9, 2e al.). Ce mot *statuer* est impropre; ce n'est pas le juge qui statue, mais la loi qui prononce. Nous avons vu au n° 97 que le silence du juge ne saurait bénéficier au condamné.

Quand il s'agit de la déchéance facultative les tribunaux répressifs prononçant les condamnation prévues à l'article 2 § 1, 2, 3 et 4 peuvent aussi statuer sur la déchéance (art. 9, 2e al.). Il semble à première vue que cette solution ne soit pas exacte, l'article 9 s'occupant des cas où la mère, bien que non coupable, peut être privée de la puissance paternelle; le texte dit simplement que les tribunaux répressifs sont compétents pour statuer sur la déchéance à son égard, il est muet en ce qui concerne le père; ne faut-il pas dès lors

revenir à la règle de la compétence de la Chambre du
Conseil? Nullement; on doit décider que le tribunal
de répression est compétent pour prononcer la déchéance facultative du père. En effet le tribunal
de répression qui incontestablement a le droit de statuer sur le sort de la mère, ne peut le faire avant
d'avoir prononcé la déchéance du père. L'article 9 aurait néanmoins pu être rédigé avec plus de clarté.

Le 25 mai 1889. M. Boreau-Lajanadie demandait à
la Chambre des députés de conférer au tribunal cor-
rectionnel ou à la Cour d'assises appliquant la loi pénale, compétence exclusive pour statuer en même
temps sur la déchéance, au lieu de leur laisser la
faculté de ne pas se prononcer : « pourront statuer »,
dit l'art. 9. M. Boreau-Lajanadie ne pouvait admettre
la dualité des compétences.

Le rapporteur répondit que la dualité de compétence s'imposait, parce que le plus souvent les tribunaux criminels n'auront pas en main, au moment de
la condamnation, des éléments suffisants pour statuer
sur la déchéance (1).

Pour ma part, j'estime que, sauf les cas où la déchéance ayant lieu de plein droit est le résultat nécessaire de la condamnation, la solution de la loi est
malheureuse. En définitive il s'agit d'une question
d'état qui devrait être, comme toutes les questions de
cette nature, de la compétence des tribunaux civils.

116. *Comment l'instance en déchéance est-
elle introduite?*

L'instance en déchéance est introduite par un mémoire présenté au président du tribunal. Ce mémoire

---

(1) Journ. Off. 26 mai 1889. Chambre des Députés. Séance
du 25 mai. Déb. parl., p. 1125.

contient l'énonciation des faits intéressants de la cause
et doit être accompagné des pièces justificatives.
Le ministère d'un avoué est indispensable (1).

L'instance introduite, l'instruction de l'affaire commence.

§ 2. — DE L'INSTRUCTION.

117. Le mémoire présenté au président est notifié
aux père et mère dont la déchéance est demandée
(art. 4). Le procureur de la République fait procéder
à une enquête sommaire sur la situation de la famille
de l'enfant et sur la moralité de ses parents connus.
Les père et mère dont la déchéance est demandée sont
alors mis en demeure de présenter au tribunal les
observations ou oppositions qu'ils jugeront convenables (art. 4).

Le président commet un juge qui fait le rapport au
jour indiqué. Si le tribunal juge à propos de convoquer
le conseil de famille, il est procédé dans les formes
prescrites aux articles 892 et 893 du Code de procédure
civile réglant la procédure de l'interdiction.

118. Relativement à l'avis du conseil de famille,
un incident fut soulevé à la Chambre des députés par
M. Boreau-Lajanadie qui demandait, dans tous les
cas, la convocation et l'avis du conseil de famille. Cet
amendement fut malheureusement repoussé ; on
aurait trouvé là un avis précieux qui, tout en ne liant
pas le tribunal, pouvait être un guide excellent (2).

119. Le tribunal, aux termes de l'article 4 de la
loi du 24 juillet 1889, doit consulter le juge de paix du

_____

(1) Rouen, 10 févr. 1891. Pand. Fr. 1892, 2, 152.

(2) Journ. Off. 26 mai 1889. Chambre des Députés. Séance du
25 mai. Déb. parl., p. 1125.

canton. On procède à l'examen de l'affaire après avoir appelé, s'il y a lieu, les parents ou autres personnes et entendu le ministère public en ses réquisitions.

120. Notons que la procédure instituée par la loi de 1889 est une procédure exceptionnelle, le Code de procédure restant toujours la règle à laquelle il faut revenir au cas de silence du législateur (1). Nous verrons dans la suite plusieurs applications de ce principe.

§ 3. — DU JUGEMENT ET DE SON EXÉCUTION.

121. Le jugement est prononcé en audience publique (art. 4).

Quand il s'agit de l'instruction de l'affaire on donne compétence à la chambre du conseil afin de ne pas livrer à la publicité tous les scandales pouvant résulter de l'examen des faits et d'éviter le spectacle des luttes qui souvent, dans ces circonstances, divisent les familles.

On n'a pas voulu cependant refuser aux parties les garanties qui accompagnent le prononcé d'un jugement en audience publique.

122. Le jugement peut être déclaré exécutoire nonobstant opposition ou appel. Cette faculté a été accordée aux tribunaux dans l'intérêt de l'enfant pour rendre efficace la mesure de protection qui a été jugée nécessaire.

§ 4. — DES VOIES DE RECOURS.

123. La loi de 1889 ne s'occupe que de l'appel et de l'opposition; elle ne traite pas du pourvoi en cassation.

---

(1) Rouen, 10 févr. 1891. Pand. Fr. 1892, 2, 152.

124. L'appel (art. 7) peut être interjeté par ceux qui ont été parties à l'instance et par le ministère public. Le délai d'appel est de dix jours. Le point de départ du délai varie suivant que le jugement est contradictoire ou par défaut ; si le jugement est contradictoire, l'appel doit être interjeté dans les dix jours du jugement ; si au contraire le jugement est par défaut, l'appel doit être interjeté du jour où l'opposition n'est plus recevable.

Si le jugement a été rendu sur l'action du ministère public, l'appel n'en reste pas moins soumis aux formalités ordinaires des appels en matière civile. Les appelants doivent le notifier au ministère public dans les formes prescrites par l'article 456 du Code de procédure civile. Une simple lettre, une déclaration au greffe du tribunal, comme en matière correctionnelle, seraient insuffisantes (1).

125. Il en est de même pour le pourvoi en cassation qui exige le ministère d'un avocat et la consignation d'amende (2).

126. L'opposition (art. 6) est recevable dans le délai de huit jours à partir de la notification du jugement par défaut à personne et dans le délai d'un an quand la notification a été faite à domicile.

127. Les délais d'appel et d'opposition ont été abrégés afin de ne laisser que le moins de temps possible en suspens la situation légale du mineur. C'est le même motif qui a inspiré la disposition de l'article 7 *in fine :* « Si, sur l'opposition, il intervient un second

---

(1) Rouen, 10 févr. 1891. Pand. Fr. 1892, 2, 152. — Bourges, 6 mai 1891. Gaz. Pal., 1891, 1, 611. — Besançon, 29 nov. 1893. Sirey, 1894, 2, 263.

(2) Cass. 23 févr. 1891. Gaz. Pal. 1891, 1, 320. — *Adde* Charmont. La loi de 1889 et son application. Revue critique. 1891. p. 513.

« jugement par défaut, ce jugement ne peut être
« attaqué que par la voie de l'appel. »

On était tellement obsédé par cette idée qu'il fallait
aller vite qu'on avait d'abord décidé que le délai
d'opposition serait seulement de trois jours. C'est le
Conseil d'Etat qui a porté ce délai à huit jours.

SECTION III. — Des mesures provisoires.

128. L'article 5 investit la chambre du conseil du
pouvoir d'ordonner, pendant l'instance, les mesures
provisoires qu'elle jugera utiles relativement à la
garde et à l'éducation des enfants. Les jugements en
cette matière sont exécutoires par provision. Il était
urgent, en effet, de soustraire l'enfant à l'influence
néfaste ou aux mauvais traitements de ses parents.

SECTION IV. — Des effets de la déchéance
de la puissance paternelle.

129. Nous étudierons successivement ces effets :
1° relativement à celui qui a encouru la déchéance ;
2° relativement à la mère quand c'est le père qui est
déchu ; 3° relativement au mineur dont les parents
se sont vu faire application de la loi du 24 juillet
1889.

§ 1er. — DES EFFETS DE LA DÉCHÉANCE RELATIVEMENT
A CELUI QUI L'A ENCOURUE.

130. Les articles 1 et 2 de la loi de 1889 disposent
que la déchéance de la puissance paternelle produit ses
effets à l'égard de *tous* les enfants et descendants du
condamné. Les tribunaux ne pourraient pas les

limiter à l'un ou à quelques-uns de ces derniers (1).

Cette mesure a été édictée pour remédier à l'inconvénient que nous avons signalé en étudiant l'article 335 du Code Pénal en vertu duquel le père coupable était déchu de sa puissance à l'égard du *seul* enfant qui avait été victime de ses manœuvres malsaines.

131. L'article 335 était incomplet en ce qu'il laissait au père déchu le droit d'administration légale, le droit de consentir au mariage ou à l'adoption et le droit d'émancipation. La loi de 1889 a comblé cette lacune ; elle déclare que le père est déchu « de la puis- « sance paternelle, ensemble de tous les droits qui s'y « rattachent. » Il est impossible d'être plus formel : la déchéance porte sur la puissance paternelle tout entière. Toutefois la déchéance laisse subsister entre les ascendants déchus et l'enfant les obligations énoncées aux articles 205, 206 et 207 du Code Civil, c'est-à-dire les obligations alimentaires (art. 1 *in fine* de la loi du 24 juillet 1889). Aux yeux du législateur ces obligations étant fondées sur la loi naturelle ne sauraient être atteintes par la loi positive, tandis que la puissance paternelle dans ses autres attributs étant une institution de pur droit civil peut être règlementée ou même supprimée par le pouvoir législatif (2).

132. Il faut décider que les droits successoraux subsistent parce qu'ils sont basés sur la parenté et non sur l'autorité paternelle. Du reste l'intention des rédacteurs de la loi de 1889 sur ce point n'est pas douteuse. Le 25 mai 1889 M. Boreau-Lajanadie déclare à la tribune qu'à son sentiment l'article 1er laisse sub-

(1) Trib. civ. Seine. 28 nov. 1891. Le Droit du 17 décemb. 1891. — Douai. 8 mai 1893. Sirey. 1893, 2, 120 et la note.

(2) Voir le rapport de M. Courcelle-Seneuil au Conseil d'Etat. Journ. Off. 1888. Annexes n° 3389, p. 7(6 et suiv.

sister les droits succcssoraux, et que ce sentiment doit être aussi celui de la commission ; personne, pas même le rapporteur, ne fît d'opposition.

133. La déchéance encourue n'entraine pas seument la perte des droits de la puissance paternelle, mais encore la privation des droits de famille. Celui qui est indigne d'élever ses enfants l'est aussi d'élever les enfants d'autrui. L'article 8 rend tout individu déchu de la puissance paternelle incapable d'être tuteur, subrogé-tuteur, curateur ou membre du conseil dé famille.

134. La déchéance de la puissance paternelle forme un tout indivisible duquel on ne peut rien distraire. Cela a paru bien rude, surtout en ce qui concerne la déchéance facultative. Voici, par exemple, un individu qui vagabonde pendant la plus grande partie de l'année, traînant à sa suite ses enfants ou les laissant sans soutien, on comprend qu'on lui enlève les droits de garde et d'éducation, mais pourquoi lui retirer le droit de consentir au mariage ? Il y a disproportion entre la peine et la faute. La protection de l'enfant est, dans ce cas, exagérée.

On avait demandé que les tribunaux fussent souverains appréciateurs. La proposition de loi présentée au Sénat en 1881 ne retirait que les droits de garde et d'éducation. Quand le Conseil d'Etat fut appelé à donner son avis, les choses changèrent. La haute assemblée prétendit qu'une déchéance partielle viendrait contrarier l'intérêt de l'enfant par l'intervention répétée du père indigne. Au surplus le rapporteur, M. Courcelle-Seneuil, déclara ne point concevoir une déchéance partielle, la nature n'ayant pas permis à l'homme d'être père à demi, au tiers ou au quart (1).

_____

(1) Voir rapport de M. Courcelle-Seneuil au Conseil d'Etat. Journ. Off. Annexes, 1888, p. 726.

De telles considérations étonnent de la part d'un homme aussi remarquable que M. Courcelle-Seneuil. On ne voit pas très bien comment l'intervention du père surveillant le tuteur compromettrait l'intérêt de l'enfant. Quant à ce sophisme qu'on ne peut être père à demi, au tiers ou au quart, il suffit de l'énoncer pour en faire justice : enlever au père quelques-uns des droits dont l'ensemble constitue sa puissance, ce n'est pas le rendre père au tiers ou au quart ; ce dont on le prive, ce n'est pas de sa qualité de père, mais seulement de certains droits dont il abusait.

135. Dans tous les cas il paraît certain qu'aujour-d'hui, en présence des termes de la loi nouvelle, le droit régulateur que s'arrogeaient les tribunaux a disparu complètement. La justice ne peut plus que prononcer une déchéance totale ; il lui est impossible de priver le père de quelques-uns de ses droits, comme du droit de garde, par exemple. La loi a été promulguée en effet pour instituer un Code complet de la déchéance et nulle part nous ne voyons organisée une déchéance partielle. C'est ce qu'ont admis diverses décisions de Jurisprudence qui ont, avec raison, considéré la loi comme introductive d'un droit nouveau (1). Dans la doctrine, M. Théophile Huc est peut-être le seul auteur qui admette cette opinion cependant si juridique (2).

La solution contraire a un nombre plus considérable de partisans (3). Elle se borne à répondre à nos

---

(1) Poitiers, 21 juillet 1890. — Trib. Saint-Quentin, 27 déc. 1889. — Trib. de Toulouse. 3 juillet 1890 (motifs). Sirey. 1891, 2, 1 . — Paris. 24 juin 1892. Sirey, 1893, 2. 229. — Trib. Villefranche. 25 nov. 1893. Le Droit du 9 janvier 1894.

(2) Commentaire théorique et pratique du Code civil, III, n°ˢ 215 et suiv.

(3) Bourcart. Note sous Poitiers. 21 juillet 1890. Sirey, 1891,

objections que le rapport de M. Courcelle-Seneuil peut ne contenir qu'une opinion personnelle, qu'il ne faut pas confondre le droit de contrôle de la justice avec la déchéance de la puissance paternelle, qu'enfin l'intérêt de l'enfant exige qu'il en soit ainsi. On fait remarquer encore que la puissance paternelle est si bien divisible que la loi de 1889 elle-même consacre dans son article 20 la divisibilité en permettant au tribunal de confier aux personnes qui ont recueilli l'enfant *tout* ou *partie* des droits de la puissance paternelle (1). Cette interprétation semble être celle qui triomphe en Jurisprudence (2); la Cour de cassation paraît l'avoir consacrée en affirmant, par arrêt du 28 juillet 1891, le droit de contrôle des tribunaux, sans s'occuper de la loi du 24 juillet 1889 (3).

136. La déchéance s'étend à tous les enfants nés et à naître (art. 9), même aux enfants d'un nouveau lit. Il y a quelque chose de révoltant dans cette déchéance pour l'avenir; le législateur a dépassé la mesure.

137. On s'est demandé si les père et mère sont déchus de leur autorité aux termes de l'article 1er mier de la loi de 1889, lorsque la condamnation prévue par ce texte a été prononcée contre eux avant leur mariage ou tout au moins avant la naissance de l'en-

---

2, 17. — Naquet. Note sous Aix, 12 nov. 1890. Sirey, 1891, 2, 25. — Testoud. Le contrôle de la puissance paternelle par les tribunaux et la loi du 24 juillet 1889. Revue critique, 1891, p. 22 et suiv. — Charmont. La loi du 24 juillet 1889 et son application. Revue critique, 1891, p. 515 et suiv. — Didier. Étude sur la loi de 1889, p. 71 et suiv. — *Contrà :* De Loynes, note, Dalloz, 1891, 2, 73.

(1) Trib. Seine, 27 janvier 1890. Sirey, 1891, 1, 194.

(2) Aix, 12 nov. 1890. Sirey, 1891, 2, 25.

(3) Cass. 28 juillet 1891. Sirey, 1891, 1, 385.

fant. MM. Didier (1) et Théophile Huc (2) estiment que la déchéance s'appliquant aux père, mère et ascendants suppose que la condamnation est postérieure à la naissance. M. Charmont (3), au contraire, croit qu'il n'y a pas lieu de distinguer étant donnée la généralité des termes de l'article premier qui s'applique aussi bien aux père et mère qui ne sont pas mariés qu'à ceux qui le sont.

138. Notons en passant que l'article 1er déclare déchus de la puissance paternelle « les père et mère et ascendants. » Comment concevoir que des ascendants soient déchus d'une puissance qui ne leur appartient pas, la loi civile n'accordant la puissance paternelle qu'aux seuls père et mère?

Ce que la loi a entendu, c'est que les ascendants seraient déchus des droits qui leur sont accordés aux articles 150 et 151 du Code civil (consentement au mariage), à l'article 381 (concours de deux parents pour permettre à la mère survivante de faire détenir l'enfant par voie de correction), et aux articles 402 et suivants (tutelle des ascendants). Les termes employés par le législateur sont singulièrement défectueux.

139. L'article 2 ne contient plus la désignation des ascendants parmi les individus qui peuvent être déchus de la puissance paternelle. N'en faut-il pas conclure que pour eux la déchéance facultative n'existe pas? Si l'on veut s'en tenir strictement au texte, l'affirmative ne fait aucun doute. Mais si l'on consulte l'es-

---

(1) Etude sur la loi de 1889, p. 63.
(2) Commentaire théorique et pratique du Code civil, III, p. 213. — Conf. dans le même sens : Lallemand. Notice sur la loi du 24 juillet 1889. Annuaire de Législation française de la Société de Législ. comp., 1890, p. 272.
(3) La loi du 24 juillet 1884 et son application. Revue critique 1891, p. 510, note 1.

prit de la loi, il faut décider que la déchéance facultative peut être prononcée à l'égard des ascendants. Les
mêmes motifs qui les font priver de leurs droits à
l'article 1 existent pour les en faire priver à l'article 2.
Le silence de cette disposition ne peut s'expliquer que
par un oubli de ses rédacteurs.

§ 2. — DES EFFETS DE LA DÉCHÉANCE DE LA PUISSANCE
PATERNELLE ENCOURUE PAR LE PÈRE RELATIVEMENT
A LA MÈRE.

140. Lorsque le père a encouru la déchéance de
la puissance paternelle, la mère qui partage avec lui
la jouissance de cette puissance devrait normalement
s'en voir attribuer l'exercice. Cette solution présen-
terait des inconvénients graves que nous avons signa-
lés en traitant de l'article 335 du Code pénal : la mère
étant sous l'autorité de son mari, il est à peu près
certain que c'est ce dernier qui en fait exercerait la
puissance sur les enfants. La loi de 1889, article 9, a,
pour éviter cette situation, décidé que la puissance
paternelle pourrait être retirée à la mère, si cela était
nécessaire, dans l'intérêt de l'enfant.

141. Il faut distinguer suivant qu'il s'agit de la
déchéance de plein droit ou de la déchéance facultative.

A) *La déchéance est encourue de plein droit comme conséquence
des condamnations prévues à l'article 1*.

L'article 9 est ainsi conçu : « Dans les cas de dé-
« chéance de plein droit encourue par le père, le
« ministère public ou les parents désignés à l'article 3
« saisissent sans délai la juridiction compétente, qui
« décide si, dans l'intérêt de l'enfant, la mère exer-
« cera les droits de la puissance paternelle, tels qu'ils

« sont définis par le Code civil. Dans ce cas il est
« procédé comme à l'article 4. Les articles 5, 6 et 7
« sont également applicables. »

Cette disposition, en ce qui concerne la juridiction,
est parfaitement rationnelle. Il s'agit d'une question
d'état, le tribunal civil est compétent. On ne comprendrait pas du reste que la mère innocente fût privée de son autorité par la justice répressive.

B) *La déchéance est facultative.*

La même solution s'imposait ici, semble-t-il. Cependant la loi a décidé autrement. L'article 9, 3ᵉ alinéa, donne aux tribunaux répressifs le droit de statuer sur la privation de la puissance paternelle à
l'égard de la mère. « Dans le cas de déchéance facul-
« tative, le tribunal qui la prononce (et ce tribunal
« peut être un tribunal répressif) statue par le même
« jugement sur les droits de la mère à l'égard des
« enfants nés ou à naître. » Ce système est monstrueux. Voilà donc une mère innocente frappée de
suscipion légale et traduite en quelque sorte devant
la juridiction pénale pour s'entendre priver d'un
droit qui lui appartient incontestablement !

142. En ce qui concerne les enfants à naître, les
mesures provisoires sont demandées à la Chambre du
Conseil dans les termes de l'article 5, pour la période
du premier âge. On n'a pas à craindre pour eux, pendant cette période, la désastreuse influence du père.
Ces enfants néanmoins ne restent pas confiés de droit
à la mère; ce sont les tribunaux qui jugent l'opportunité des mesures à prendre. Et la mère est obligée de
demander qu'on lui laisse ses enfants au berceau !

143. Ce n'est pas tout. Il faut reconnaître que les
rédacteurs de la loi ont exagéré leur œuvre et dépassé

la mesure; ils ont voulu protéger à outrance, protéger
quand même. L'article 9 *in fine* organise une nouvelle injustice. Il suppose que le père déchu contracte
un nouveau mariage; la nouvelle femme, s'il lui sur-
vient des enfants, doit réclamer l'attribution de la
puissance paternelle sur ceux-ci au tribunal qui a la
faculté de refuser. Une mère demandant l'attribution
de la puissance paternelle ! Comment demander l'attribution d'une puissance qu'on possède déjà en vertu
du droit naturel et de la loi positive en qualité d'auteur
de l'enfant? La seconde femme en est investie par ce
seul fait qu'elle est mère ; elle en a l'exercice puisque
son mari en est privé; cette puissance ne lui a pas été
enlevée, car nous supposons que le second mariage
n'a eu lieu qu'après le procès. Comment encore une
fois comprendre qu'elle demande aux juges l'attribution d'un droit qu'elle possède légalement?

Il faut avouer que le législateur n'a pas été heu-
reux dans la rédaction de l'article 9.

144. Ne devrait-on pas au moins décider que, le
mariage venant à se dissoudre, la mère reprendrait
aussitôt l'exercice de ses droits, puisque l'influence
du mari n'est plus à craindre ? Ce serait logique. La
loi s'est bien gardée de s'expliquer ; elle reste muette
sur ce point. Il faut espérer néanmoins que la Jurisprudence, en se guidant sur les principes, arrivera à
cette solution.

§ 4. DES EFFETS DE LA DÉCHÉANCE RELATIVEMENT
A L'ENFANT.

145. Quatre situations sont possibles :

1° Ou le père seul étant déchu, la mère est maintenue dans sa puissance. Dans ce cas, pas de difficulté, c'est la mère qui l'exercera.

2º Ou le père étant déchu, la mère maintenue vient à mourir.

3º Ou le père étant déchu, la mère n'est pas maintenue dans la puissance.

4º Ou les père et mère sont tous deux déchus de la puissance paternelle.

Dans ces trois derniers cas, il est pourvu à la protection de l'enfant par l'organisation d'une tutelle. Nous arrivons ainsi à l'étude du chapitre II du titre I de la loi du 24 juillet 1889.

CHAPITRE II

De l'organisation de la tutelle en cas de déchéance de la puissance paternelle.

146. L'article 14 est ainsi conçu : « En cas de
« déchéance de la puissance paternelle, les droits du
« père et, à défaut du père, les droits de la mère,
« quant au consentement au mariage, à l'adoption, à
« la tutelle officieuse et à l'émancipation, sont exer-
« cés par les mêmes personnes que si le père et la
« mère étaient décédés, sauf les cas où il aura été dé-
« cidé autrement en vertu de la présente loi. »

Les autres droits sont entre les mains des personnes
investies des tutelles dont nous allons parler.

147. La loi organise, au cas de déchéance de la
puissance paternelle, trois sortes de tutelles : 1° la
tutelle de droit commun ; 2° la tutelle de l'assistance
publique ; 3° la tutelle officieuse.

SECTION I. — De la tutelle de droit commun.

148. — Dans les trois hypothèses que nous avons
signalées au dernier paragraphe de la quatrième section du chapitre I, le tribunal (loi du 24 juillet 1889,
article 10) décide si la tutelle sera constituée dans les

termes du droit commun. Il semble que dans tous les cas la loi aurait dû prescrire l'établissement de cette tutelle. On a prétendu qu'en ce qui concerne les indigents pareille organisation était impossible en fait. Cela est exact. Mais le législateur devait poser en règle générale la constitution de la tutelle de droit commun, sauf à prendre d'autres mesures si cette constitution ne pouvait avoir lieu.

149. Supposons que le tribunal ordonne la constitution de la tutelle de droit commun. La personne désignée comme tuteur jouit de certaines faveurs spéciales. Tout d'abord, elle n'est pas tenue d'accepter la charge qu'on veut lui conférer. Le Conseil d'Etat a fait prévaloir cette solution : « Il a considéré, dit « M. Courcelle-Seneuil (1), qu'un jugement de dé- « chéance étant déterminé par une appréciation hu- « maine, n'avait pas le caractère fatal de la mort. » Cette différence entre la tutelle ordinaire et la tutelle organisée après déchéance justifie la faculté de refuser accordée au tuteur.

Le tuteur ordinaire voit ses biens grevés d'une hypothèque légale au profit de son pupille (Cod. civ. art. 2121). Au contraire le tuteur institué en vertu de la loi du 24 juillet 1889 remplit ses fonctions sans être tenu de cette garantie (art. 10). C'est une conséquence de la mesure précédente. Le tuteur ayant le droit de refuser la tutelle, la dispense de l'hypothèque légale devenait nécessaire, si l'on ne voulait pas rendre impossible la constitution de la tutelle de droit commun. Toutefois comme la loi a pour but la protection du mineur et que celui-ci ne peut souffrir des mesures de protection prises en sa faveur, le tribunal

---

(1) Journal du Palais. Lois annotées, 1890. Loi du 24 juillet 1889, note 16.

peut ordonner, au cas où l'enfant possède ou est appelé à posséder des biens, qu'une hypothèque générale ou spéciale soit constituée jusqu'à concurrence d'une somme déterminée (art. 10 *in fine*).

SECTION II. De la tutelle de l'Assistance publique.

150. Article 11 : « Si la tutelle n'a pas été consti-
« tuée conformément à l'article précédent, elle est
« exercée par l'Assistance publique, conformément
« aux lois du 15 pluviose an XIII et 10 janvier 1849,
« ainsi qu'à l'article 24 de la présente loi. Les dépenses
« sont réglées conformément à la loi du 15 mai 1869. —
« L'assistance publique peut, tout en gardant la tu-
« telle, remettre les mineurs à d'autres établissements
« et même à des particuliers. »

151. A défaut de la tutelle de droit commun, trois mesures étaient possibles : on pouvait donner la tutelle des mineurs à l'administration pénitentiaire, ou à l'assistance publique, ou à des établissements privés de charité.

Donner la tutelle à l'administration pénitentiaire aurait été assimiler les mineurs innocents aux jeunes détenus. Il n'y fallait pas songer.

Le Conseil d'Etat voulait laisser au tribunal le choix entre les deux autres tutelles : celle des établissements privés et celle de l'assistance publique. La commission de la Chambre ne fut pas de cet avis et regarda l'assimilation des enfants dont les parents sont déchus aux enfants assistés, comme la solution la plus rationnelle et la plus pratique (1). Signalons ici une nouvelle manifestation de cette tendance croissante,

---

(1) Journal du Palais. Lois annotées 1890. Loi du 24 juillet 1889, note 17.

sur laquelle nous reviendrons d'ailleurs, qui consiste à vouloir substituer l'État au particulier, au père de famille.

152. L'article 12 tire une conséquence du principe posé par l'article 1 *in fine*, à savoir que la déchéance laisse subsister l'obligation alimentaire. Il déclare que le tribunal devra, en se prononçant sur la tutelle, fixer le montant de la pension qui sera payée par les père et mère. Si ceux-ci sont dans l'indigence et ne peuvent payer la pension fixée, le tribunal les en dispensera. Cette disposition incontestablement ne doit pas être restreinte au cas où il s'agit de la tutelle de l'assistance publique; il faut la généraliser puisqu'elle n'est qu'une conséquence du maintien de l'obligation alimentaire. Elle régira donc aussi l'hypothèse où la tutelle est constituée dans les termes du droit commun.

SECTION III. — De la tutelle officieuse.

153. L'article 13 permet à toute personne de s'adresser, pendant l'instance en déchéance, par voie de requête, au tribunal, afin d'obtenir que l'enfant lui soit confié. Elle devra déclarer qu'elle se soumet à l'obligation de nourrir le mineur, de l'élever et de le mettre en état de gagner sa vie, conformément à ce que prescrit l'article 364, 2e alinéa, du Code civil relatif à la tutelle officieuse. Le tribunal recueille les renseignements nécessaires; il demande, s'il y a lieu, l'avis du conseil de famille. Si les magistrats accueillent la demande, les dispositions des articles 365 et 370 sur la tutelle officieuse sont applicables.

Au cas où le tuteur officieux vient à mourir avant la majorité du pupille, le tribunal est appelé à statuer à nouveau, conformément aux articles 11 et 12 de la loi du 24 juillet 1889.

154. Lorsque l'enfant a été placé par les administrations hospitalières ou par le directeur de l'assistance publique de Paris chez un particulier, ce dernier peut, après trois ans, demander au tribunal que l'enfant lui soit confié dans les conditions que nous venons d'indiquer (article 13 *in fine*).

155. La loi de 1889 a donc organisé une tutelle officieuse *sui generis*. C'est une tutelle officieuse que nous appelons nouvelle, dit, dans son rapport, M. Courcelle-Seneuil (1), « parce qu'elle diffère beaucoup « de l'ancienne, établie en vue de l'adoption seule- « ment. Celle que l'article 13 du projet établit, ne « suppose ni vues d'adoption, ni établissement de « liens de famille quelconques; elle a simplement la « forme d'un acte de bienfaisance louable entres tous « les autres, mais qui ne confère au pupille aucun « droit actuel ou éventuel sur les biens du tuteur. Une « fois l'enfant élevé, en état de gagner sa vie, toutes « les obligations de droit sont remplies, et il ne reste « qu'un lien purement moral entre le tuteur et son « pupille. »

---

(1) Dalloz. Pér. 1890, 4, 18, note 3.

CHAPITRE III

De la restitution de la puissance paternelle.

156. Ce chapitre est la consécration du repentir; il organise la réhabilitation. Les père et mère frappés de déchéance par application de l'article 1er et de l'article 2 peuvent se faire restituer la puissance paternelle (art. 15).

L'article 15 ne parle que des père et mère; il faut l'étendre aussi aux ascendants privés, comme nous l'avons vu, de certains droits. Le silence de la loi ne saurait être opposé à cette interprétation libérale, il ne peut provenir que d'un oubli du législateur. Les principes et l'intention des rédacteurs du texte conduisent nécessairement à cette solution.

SECTION I. — Des conditions requises pour obtenir la restitution.

157. La première condition requise pour pouvoir obtenir la restitution de la puissance paternelle, si la déchéance a son principe dans une condamnation, est d'être réhabilité (art. 15 § 1). Or la demande en réhabilitation ne pouvant être formée par les condamnés à une peine afflictive et infamante qu'après le délai de cinq ans à dater du jour de leur libération, délai réduit à trois ans pour les condamnés à une peine correctionnelle, il s'ensuit que jamais l'action en restitution de la puissance paternelle ne pourra être introduite avant ledit délai.

Dans la proposition de loi présentée au Sénat le 21 juillet 1882, un article 32 disposait que « la réhabilitation obtenue dans les termes des articles 619 et « suivants du Code d'instruction criminelle fait cesser « les effets de la déchéance... (1) ». Aujourd'hui cette réhabilitation ne suffit plus ; d'autres conditions sont exigées. Le condamné réhabilité n'obtiendra pas la restitution de la puissance paternelle si cette restitution est contraire à l'intérêt des enfants.

158. Lorsque la déchéance n'est pas la conséquence d'une condamnation pénale, c'est-à-dire lorsqu'elle a été prononcée par application de l'article 2, § 5 et 6, la réhabilitation n'est point exigée. Mais cette condition de réhabilitation est remplacée par une condition de délai ; il faut savoir si le père qui demande à se faire restituer sa puissance, est digne de cette restitution. Le délai fixé par l'article 15 *in fine* est de trois ans et court du jour où le jugement qui a prononcé la déchéance est devenu irrévocable.

A la Chambre des Députés, le 25 mai 1889 (2), on avait proposé de supprimer ce délai : l'action en restitution aurait toujours été possible. Le législateur ne pouvait admettre ce système radical qui aurait organisé en permanence le règne des procès et qui était contraire au but qu'on se proposait : assurer les asso-

---

(1) Journ. Off. Doc. parl. de janvier, avril et mai 1883, p. 133 et suiv., et 581 et suiv.

(2) Journ. Off. du 26 mai. Chambre des Députés. Débat parl. p. 1127.

ciations de bienfaisance contre les retraits inconsi-
dérés des enfants dont elles s'occupaient.

159. La deuxième et dernière condition pour le
succès de l'instance en restitution est qu'il n'y ait pas
eu déjà une demande rejetée tendant au même but.
Toutefois la mère, dit l'article 16 *in fine*, pourra
réintroduire cette demande après la dissolution du
mariage. Ce texte vise l'hypothèse où la mère a
demandé, conformément à l'article 9, à être maintenue dans la puissance paternelle et où cette demande
n'a pas été accueillie. Après la dissolution du mariage
elle peut introduire une nouvelle instance, l'obstacle
qui s'opposait à la réussite de la première, c'est-à-
dire l'influence du mari, ayant disparu.

SECTION II. — De la procédure.

160. La demande est introduite sur simple
requête et instruite conformément à l'article 4, §§ 2 et
suivants, c'est-à-dire dans les formes de l'instance en
déchéance. Seulement, à la différence de cette dernière, l'avis du conseil de famille est obligatoire
(art. 16, § 1). Il y a là un manque d'harmonie évident
entre les dispositions légales.

161. Le tuteur de l'enfant qu'il s'agit de rendre
à ses parents est partie intéressée, aussi la demande
en restitution doit-elle lui être signifiée pour qu'il
puisse présenter, dans l'intérêt du mineur ou en son
nom personnel, les observations et suppositions qu'il
croirait utiles (art. 16, § 2). Les articles 5, 6 et 7 sur les
mesures provisoires, l'opposition et l'appel sont
applicables (art. 16, § 2 *in fine*).

162. Le rejet de la demande en restitution est,
ainsi que nous l'avons déjà dit, définitif (art. 16, § der-

nier). L'article 33 de la proposition présentée en 1882 au Sénat par la commission déclarait que la demande rejetée pouvait être réintroduite après l'expiration d'un délai de deux ans (1). Le projet du gouvernement ramenait ce délai à deux mois ; mais il parut à la commission que la justice ayant prononcé en connaissance de cause, ce délai était trop court pour que les circonstances aient pu changer au point de motiver une décision différente.

Le Conseil d'Etat appelé à donner son avis fit triompher la rédaction actuelle par ce motif que l'état des mineurs en tutelle ne peut demeurer toujours en suspens. M. Brueyre, rapporteur du projet au Conseil supérieur de l'assistance publique, trouvait bien dur de fermer à jamais la porte à une demande justifiée par le repentir. Cette considération n'a pas arrêté la Chambre qui vota la disposition rigoureuse dont nous parlons sur le rapport de M. Gerville-Réache (2).

SECTION III. — Des effets de la puissance paternelle.

163. La restitution de la puissance paternelle rend au père déchu la jouissance de l'autorité qu'il avait perdue et l'exercice de ses droits.

Elle rend en même temps exigible la dette contractée vis-à-vis du tuteur qui s'est chargé de l'enfant. L'article 16, § 3, dispose en effet que « le tribunal, en « prononçant la restitution de la puissance paternelle, « fixe, suivant les circonstances, l'indemnité due au « tuteur, ou déclare qu'en raison de l'indigence des « parents il ne sera dû aucune indemnité. »

---

(1) Journ. Off. Doc. parl. de janvier, avril et mai 1883.
(2) Dalloz, 1890, 4, 18, note 5.

164. Avant de quitter cette matière de la restitution de la puissance paternelle, signalons une petite difficulté à laquelle donnent lieu les termes de l'article 15.

On pourrait prétendre que les père et mère déchus en vertu de l'article 1 et de l'article 2, § 1, 2, 3 et 4, c'est-à-dire à la suite d'une condamnation, perdent à la fois l'exercice et la jouissance de leur puissance, les termes de la loi étant très larges : « à se faire restituer la puissance paternelle. » Les père et mère déchus en vertu de l'article 2, § 5 et 6, c'est-à-dire en dehors de toute condamnation pénale, ne seraient au contraire privés que de l'exercice de la puissance : ils resteraient en droit investis de cette dernière. La loi dit en effet qu'ils peuvent demander au tribunal « que « l'exercice de la puissance paternelle leur soit res-« titué. »

Une telle distinction est inadmissible. Nulle part il n'en est question dans les travaux préparatoires; les termes de l'article 15 ne sont du reste nullement probants en face des expressions employées aux articles 1 et 2 qui sont aussi générales que possible : les tribunaux peuvent prononcer « la déchéance de la puis-« sance paternelle, ensemble de tous les droits qui s'y « rattachent. »

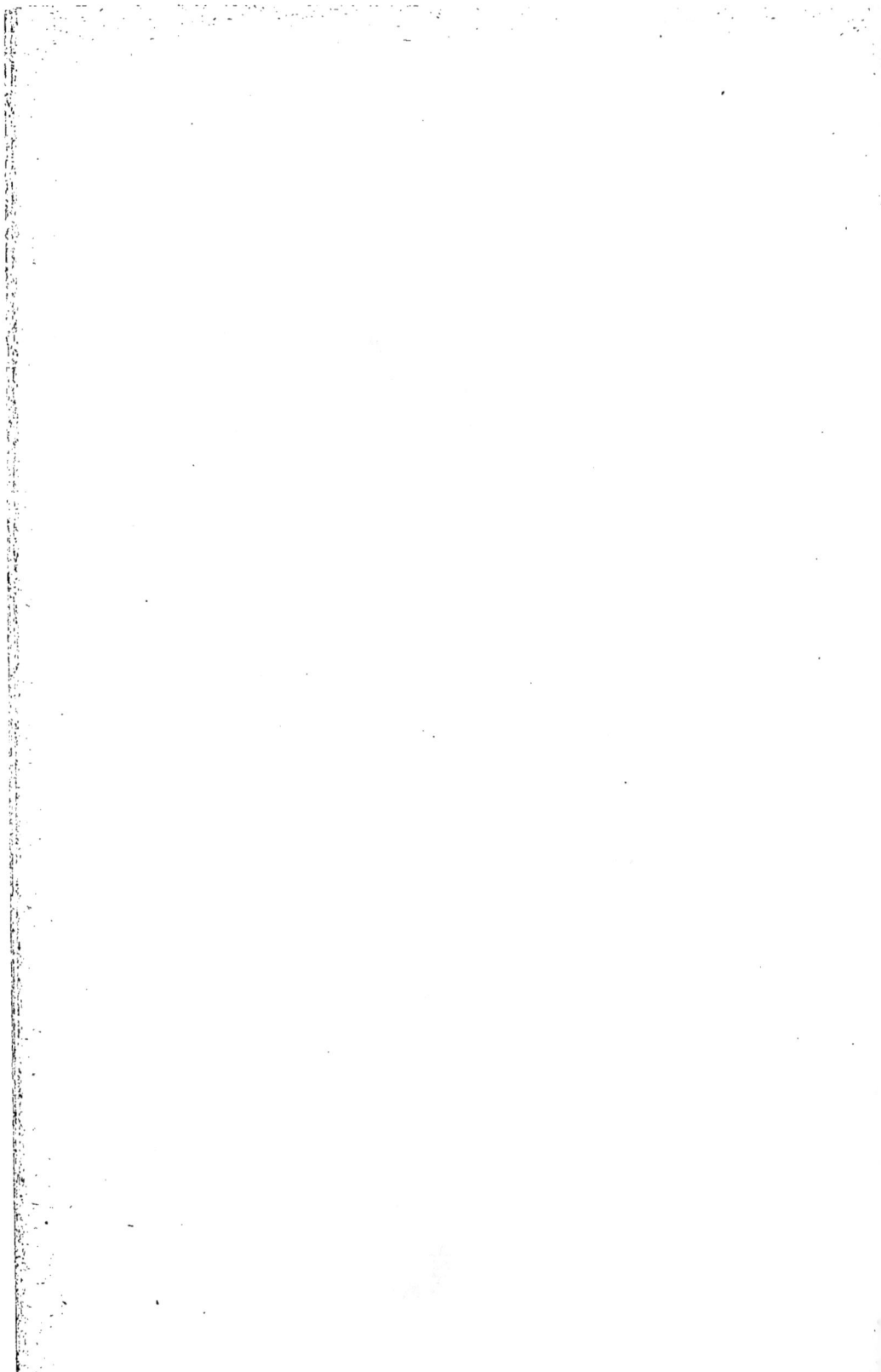

TITRE II

---

165. Le titre II de la loi du 24 juillet 1889 est intitulé : *De la protection des mineurs placés avec ou sans l'intervention des parents.*

Comme ce titre l'indique, il n'a point trait à la déchéance de la puissance paternelle, aussi lui consacrerons-nous seulement quelques lignes pour indiquer les atteintes qu'il porte à l'autorité des père et mère.

CHAPITRE PREMIER

Des mineurs placés avec l'intervention des parents.

166. Le siège de la matière est l'article 17 qui se place dans l'hypothèse où des parents ont confié leurs enfants mineurs de seize ans à des administrations d'assistance publique, à des associations de bienfaisance régulièrement autorisées à cet effet, ou à des particuliers jouissant de leurs droits civils.

167. Les associations charitables se plaignaient des retraits opérés par les père et mère au moment où les enfants commençaient à se plier à l'éducation reçue, retraits le plus souvent nuisibles à leur moralité. Pour remédier à cet inconvénient, les associations avaient répandu l'usage de faire signer aux parents des contrats par lesquels ceux-ci s'engageaient à payer la dépense de l'enfant, s'ils le retiraient avant un âge déterminé. Malheureusement cette manière de faire restait sans effet, les établissements dont il s'agit ne pouvant garder en gage de ce qui leur était dû l'enfant réclamé par ses parents.

168. On avait pensé d'abord à instituer des contrats de dessaisissement de la puissance paternelle intervenant entre les associations de charité et les parents et produisant leur effet jusqu'à la majorité de l'enfant. Le Conseil d'État trouva que cette forme de

contrats sur la puissance paternelle était assez inso-
lite. On abandonna donc le projet primitif et on s'ar-
rêta à la solution de l'article 17 (1). Le tribunal du domicile des parents pourra décider, à la requête des
parties intéressées agissant conjointement, qu'il y a
lieu dans l'intérêt de l'enfant de déléguer à l'assistance publique les droits de puissance paternelle abandonnés par les parents, et de remettre l'exercice de ces
droits à l'établissement ou au particulier gardien de
l'enfant. C'est encore une sorte de contrat qui intervient, mais un contrat judiciaire. Le père détermine les
droits qu'il abandonne et le tribunal en investit l'assistance publique quant à leur jouissance, le gardien
quant à leur exercice. Juridiquement cette solution
n'est pas satisfaisante ; il n'est guère possible de concevoir de la part des parents l'abandon de droits et
par suite de devoirs dont l'ensemble constitue une
institution d'ordre public.

169. Le père peut renoncer à tel ou tel droit déterminé et conserver les autres. La puissance paternelle se trouve alors scindée, partie reste sur la tête
du père, partie passe à l'assistance publique ; résultat
bizarre ! C'est ainsi que l'article 17 suppose dans son
dernier alinéa que le père a retenu le droit de consentir au mariage de son enfant. Mais même dans cette
hypothèse le père n'est plus maître absolu. S'il refuse
de consentir au mariage, l'assistance publique peut le
faire citer devant le tribunal qui donne ou refuse le
consentement. La faible part d'autorité qui restait au
père est donc illusoire. Cette disposition de la loi bou-
leverse l'économie du Code civil en cette matière : le

---

(1) Journal du Palais. Lois annotées 1890. Loi du 24 juillet
1889, art. 17, note 23.

Code veut que la protection de l'enfant relativement au mariage émane des parents seuls, le législateur de 1889 a changé tout cela : c'est le tribunal, être impersonnel et fort peu à même de juger une question aussi délicate, qui donnera ou refusera le consentement !

CHAPITRE II

Des mineurs placés sans l'intervention des parents.

170. Cette hypothèse est prévue par l'article 19.

Des administrations d'assistance publique, des œuvres de bienfaisance ou des particuliers ont recueilli des enfants mineurs de seize ans. Les parents ne sont pas intervenus dans le placement. Les établissements ou particuliers sont alors tenus de faire, dans les trois jours, une déclaration au maire de la commune sur le territoire de laquelle l'enfant a été recueilli et à Paris au commissaire de police.

Si trois mois s'écoulent depuis cette déclaration, sans que les parents réclament leur enfant, ceux qui l'ont recueilli peuvent adresser au tribunal de leur domicile une requête afin d'obtenir l'exercice de tout ou partie des droits de la puissance paternelle. Le tribunal statue, et au cas où il ne défère au requérant qu'une partie des droits de la puissance paternelle, il déclare, par le même jugement, que les autres, ainsi que la puissance paternelle, sont dévolus à l'assistance publique (art. 20).

171. On n'a pas voulu que le père fût privé perpétuellement de son autorité et on lui a réservé la possibilité de reprendre son enfant et de l'élever. Ce que nous allons dire à ce sujet s'applique aussi bien à la situation prévue par l'article 17 qu'à celle prévue par l'article 19.

Les parents qui veulent que l'enfant leur soit rendu s'adressent au tribunal de la résidence de celui-ci par voie de requête (art. 21). Les juges décident sur cette demande. L'article 21, § 4, ajoute : « Si le tribunal « juge qu'il n'y a pas lieu de rendre l'enfant aux « père, mère ou tuteur, il peut, sur la réquisition du « ministère public, prononcer la déchéance de la « puissance paternelle ou maintenir à l'établissement « ou au particulier gardien les droits qui lui ont été « conférés en vertu des articles 17 ou 20. »

172. Le tribunal peut, dit la loi, prononcer la déchéance. A première vue, il semble qu'il y ait là une nouvelle cause de déchéance facultative dont l'article 2 ne fait pas mention. Cependant il n'en est rien ; l'article 21 n'organise pas une nouvelle cause de déchéance, il se réfère simplement à l'hypothèse où les parents mettent en péril la santé, la sécurité ou la moralité de leurs enfants, et permet alors aux tribunaux saisis de l'action à fin de reprise de l'enfant placé, de statuer sur la déchéance en rejetant la demande des parents.

173. Si l'enfant est remis aux parents, ceux-ci doivent payer à celui qui en a eu la charge une indemnité fixée par le tribunal. Ils ne peuvent être dispensés de cette indemnité qu'à raison de leur indigence.

174. Les articles 22, 23, 24, 25 et 26 de la loi du 24 juillet 1889, sans intérêt pour notre étude, sont relatifs à la surveillance des enfants confiés à des particuliers ou à des associations de bienfaisance, aux dépenses que nécessitera le service, et enfin à l'application de la loi à l'Algérie, à la Guadeloupe, à la Martinique et à la Réunion.

APPRÉCIATION DE LA LOI

DU 24 JUILLET 1889

---

175. La loi du 24 juillet 1889 a réalisé de grandes innovations. Elle a organisé la déchéance de la puissance paternelle dans notre droit. Longtemps réclamée, longtemps retardée par le travail des commissions, elle fut votée rapidement à la fin d'une législature.

Nous l'avons étudiée dans ses détails, nous avons traité des difficultés soulevées par son application. Il nous faut maintenant formuler sur elle un jugement. Nous nous placerons pour cela à un triple point de vue : au point de vue juridique, au point de vue économique et au point de vue politique et moral.

176. Et d'abord *au point de vue politique et moral.*

L'autorité paternelle est la puissance constitutive de la famille ; elle est indispensable au père pour former ses enfants et en faire de bons citoyens. A ce titre elle est le fondement de l'ordre social et l'Etat doit la faire respecter.

Il est incontestable que la loi de 1889 en voulant protéger l'enfant contre certains abus a dépassé le but. Elle a affaibli l'autorité du père en organisant la lutte judiciaire entre lui et l'enfant représenté par les administrations d'assistance publique. Les cas de déchéance sont extrêmement nombreux, les tribunaux criminels autorisés à la prononcer la voient fréquemment attachée comme accessoire légale aux peines principales qu'ils appliquent ; on s'habituera peu à peu à cette mesure fort grave, et l'autorité paternelle perdra son prestige ; elle deviendra bientôt inefficace entre les mains de ceux qui en sont investis, les parents n'ayant plus confiance, les enfants se révoltant. Résultat déplorable au point de vue politique : lorsque l'autorité du père n'est plus respectée, l'autorité publique est bien près de ne plus l'être.

177. Moralement parlant les conséquences de la loi ne sont pas meilleures. Dans toutes les discussions au Parlement on a vanté la haute moralité du projet sur lequel on délibérait ; qu'y a-t-il en effet de plus moral que de réprimer les excès d'une puissance organisée seulement pour le bien de l'enfant? Sans doute, mais pourquoi a-t-on protégé l'enfant contre le père alors que ce dernier, en faute peut-être, ne compromettait pas cependant l'éducation de son fils, et en attachant la déchéance à certaines candamnations qui n'impliquent pas forcément à l'encontre de celui qui les subit des abus de la puissance paternelle? On ne doit toucher qu'avec une extrême réserve et seulement en cas de nécessité absolue à cette puissance parce qu'elle vient de Dieu, et que l'homme doit respecter les institutions d'origine divine.

178. M. Courcelle-Seneuil dans son rapport au Conseil d'Etat (1) a contesté cette origine. A ses yeux la puissance paternelle ne serait pas de droit naturel. Si la paternité est à la vérité un fait de nature, la puissance est comme le mariage d'où elle naît une

---

(1) Journ. Off. Annexes, 1888.

pure création de la loi civile. La loi civile ayant fait la puissance paternelle, peut aussi la défaire.

C'est là une théorie essentiellement dangereuse et absolument inexacte. La considération de ce qui se passe chez les peuples primitifs nous montre bien l'origine de droit naturel de la puissance paternelle. La loi civile n'a pu que la reconnaître, comme elle a reconnu le mariage, institution d'origine divine lui aussi ; elle l'a réglementée, mais elle ne l'a pas créée. Elle peut modifier la réglementation à la condition de ne pas porter atteinte à l'essence même de cette autorité.

179. Le conseil d'Etat du reste ne paraît pas avoir adopté l'opinion singulière émise par son rapporteur. Il semble avoir reconnu à l'autorité du père le caractère d'institution du droit naturel : en effet il a voté la disposition de l'article 1er de la loi du 24 juillet permettant de prononcer la déchéance contre les père et mère et « autres ascendants. » Nous avons déjà indiqué que le terme était impropre juridiquement parlant; mais il a l'avantage de nous montrer qu'en attribuant aux ascendants une autorité que le droit civil ne leur reconnaît pas, le conseil d'Etat a admis l'origine supérieure de cette autorité qu'ils exercent toujours, en fait, à défaut des père et mère.

180. La loi de 1889 est un grand coup porté à la puissance paternelle. Et si les lois, comme on l'a dit, réflètent les mœurs, il faut croire qu'on ne respectait plus guère cette puissance, puisqu'on a pu organiser un Code complet de la déchéance et en faire le droit commun du pays. Quand l'autorité du père n'est plus reconnue, c'est l'anarchie dans la famille et dans la société; voilà ce que nous apprennent les données de l'expérience et les renseignements de l'histoire.

181. *Au point de vue économique* quelle est la valeur de la loi que nous étudions?

Il est reconnu en économie politique que l'Etat doit veiller à la constitution et à la conservation de la famille, lui donner un chef investi d'un pouvoir suffisant sans être tyrannique, et assurer l'existence du groupe familial après la disparition de ce chef. Mais l'Etat doit se garder de s'immiscer dans la vie de ce groupe, de pénétrer à l'intérieur de la famille hormis quelques cas exceptionnellement graves. Le conseil d'Etat a implicitement reconnu ce principe quand il a déclaré, par l'organe de son rapporteur (1), que l'indignité du père de famille ne doit être ni supposée, ni soupçonnée, ni recherchée comme un délit; il suffit de la constater quand elle se manifeste au grand jour.

182. La loi de 1889 s'est-elle conformée à ce principe?

La tendance qui chaque jour se dessine davantage est fortement accusée par la loi de 1889. On substitue insensiblement l'Etat au particulier, à la famille. M. Gerville-Réache (2) à propos de l'article 20 s'exprime ainsi : « En présence de la désertion constatée « et prolongée des parents, la présomption de leur « indignité ou de leur incapacité est si forte qu'il y a « lieu d'appliquer le principe en vertu duquel l'Etat « est subrogé *de plano* à la famille incapable ou in-« digne. »

Au lieu de décider que, dans tous les cas où elle sera possible, la tutelle de famille, c'est-à-dire la tutelle de

---

(1) Rapport de M. Courcelle-Seneuil, Off. 1888. Annexes.
(2) Journal du Palais. Lois annotées, 1890. Loi du 24 juillet 1889, art. 20, note 25-26.

droit commun, sera constituée, on déclare que le tribunal peut lui préférer la tutelle de l'assistance publique (art. 10 et 11). Au lieu de laisser aux parents qui ont volontairement placé leurs enfants dans des établissements de charité le droit de consentement au mariage qu'ils se sont réservés, on permet à l'assistance publique de substituer par une instance le tribunal au père de famille (art. 17 *in fine*). Au lieu enfin d'accorder aux œuvres de charité et aux particuliers gardiens de l'enfant la jouissance des droits de la puissance paternelle, on délègue toujours cette jouissance à l'assistance publique.

Ne nous plaignons pas trop néanmoins. La loi de 1889 n'est rien en comparaison de certains projets qui heureusement n'ont pas abouti (1).

183. M. Bérenger ému de ces dangers avait déposé une contre-proposition que M. Théophile Roussel, dans le rapport fait au Sénat le 23 juin 1883, qualifiait de contre-projet sur la protection des établissements privés contre le pouvoir administratif. M. Bérenger voulait soustraire au contrôle de l'administration les droits de puissance que la loi met à la disposition des établissements privés de charité. C'était l'application de cette maxime économique que l'État ne doit agir que lorsque l'initiative privée ne peut satisfaire un intérêt public; maxime assurément fort juste en matière de charité, la charité privée étant la plus, sinon la seule efficace.

---

(1) Texte de la commission du Sénat. Journ. Off., doc. parl. de janvier avril et mai 1883, p. 133 et suiv., 581 et suiv.
La loi de 1889 n'est rien non plus en regard de certaines législations étrangères. Sur la législation comparée on pourra consulter : Société de législation comparée. Séance extraordinaire de 1889, p. 111 et suiv. — Annuaire de la Société de législation comparée, 1891, p. 727 et suiv.

184. Le législateur n'a pas pensé ainsi. Rendons-lui justice cependant ; il n'a pas accordé à l'Etat, c'est-à-dire aux agents de l'administration, comme cela se fait dans nombre d'autres pays, le droit de pénétrer au sein de la famille et de se livrer au foyer domestique lui-même à une sorte d'inquisition. C'est à la magistrature qu'il a confié le soin d'agir et on peut espérer qu'elle se montrera circonspecte. La doctrine du Dieu-Etat tout-puissant, respecté de tous et ne respectant rien, n'a pas encore triomphé en France ; mais nous sommes sur la voie, nous glissons sur la pente. Il serait temps de nous arrêter en élevant contre l'Etat l'individu fortifié par une puissance paternelle juste sans être tyrannique, sans abus comme sans faiblesse.

185. *Au point de vue juridique* le jugement à porter sur la loi de 1889 ressort de l'étude à laquelle nous nous sommes livrés dans le livre I. Nous avons signalé, au fur et à mesure qu'elles se présentaient les dispositions défectueuses. Nous avons indiqué les difficultés d'interprétation auxquelles donnent lieu les articles 1 et 2 ; nous avons critiqué la compétence des tribunaux répressifs alors qu'il s'agit, en définitive, d'une question d'état, et nous nous sommes élevés contre l'état de suscipion légale dans lequel on a placé la mère innocente, épouse du père indigne. Nous avons pu qualifier de monstruosité juridique le fait pour la seconde femme d'un homme déchu d'être obligée de demander l'attribution de la puissance paternelle sur ses propres enfants ; nous avons ajouté que la loi manquait de mesure en attachant la déchéance à des peines prononcées n'impliquant pas l'indignité du père. Sur tous ces points et sur bien d'autres, nous nous référons aux observa-

tions déjà faites, en regrettant qu'une loi sur laquelle
le Conseil d'Etat a été appelé à donner son avis présente une rédaction et contienne des solutions aussi
malheureuses.

186. Il semble que le législateur eût dû sanc-
tionner purement et simplement la Jurisprudence en
l'étendant un peu. Les père et mère auraient été privés à l'égard de tous leurs enfants, les tribunaux restant souverains appréciateurs, des droits dont ils
auraient abusé ou des droits corrélatifs aux devoirs
qu'ils auraient violés. La déchéance totale n'était pas
nécessaire, si ce n'est au cas de délits ou de crimes
contre les mœurs commis par les parents sur leurs
enfants. Les besoins de la pratique auraient ainsi
reçu satisfaction ; en même temps on n'aurait pas
ébranlé la puissance paternelle. Enfin le père repen-
tant aurait eu, sous la réserve de certains délais,
des actions perpétuelles pour se faire restituer son
autorité ; et la mère n'aurait point été frappée de
suspicion comme à l'article 9 paragraphe dernier
de la loi du 24 juillet 1889 : ce n'est qu'au cas où l'intérêt de l'enfant l'aurait absolument exigé, qu'on
aurait pu la priver, elle innocente, des droits dont elle
est investie.

Les rédacteurs de la loi ne l'ont pas voulu. Ils ont
été emporté bien au-delà de ces réformes sages et seules nécessaires, parce que, ne considérant que l'intérêt
de l'enfant, ils ont oublié de penser à l'autorité du
père. Protéger à outrance, tel a été leur but.

LIVRE II

ETUDE DE LA LOI DU 2 NOVEMBRE 1892
SUR LE TRAVAIL DES ENFANTS ET DES
FILLES MINEURES DANS LES ÉTABLISSE-
MENTS INDUSTRIELS.

---

187. La loi du 19 mai 1874 sur le travail des enfants et des filles mineures employés dans l'industrie, qui portait une atteinte importante à la puissance paternelle et qu'à ce titre nous avons étudiée plus haut, ne régit plus seule aujourd'hui cette matière.

188. Dès le 13 novembre 1886 M. Edouard Lockroy, alors ministre du commerce, déposait un projet de loi au nom du gouvernement à la Chambre des Députés (1). En 1889, le 8 mars, la présentation était faite au Sénat par le président du Conseil, M. Tirard (2). Après de longues discussions dans les deux assemblées, le projet a abouti à la loi du 2 novembre 1892 sur le travail des enfants, des filles mineures et des femmes dans les établissements industriels.

189. La loi nouvelle ne s'applique pas aux travaux effectués dans les établissements où ne sont employés que les membres de la famille sous l'autorité soit du père, soit de la mère, soit du tuteur

---

(1) Journ. Off., 14 nov. 1886. Chambre des Députés. Déb. parl., p. 1791.

(2) Journ. Off. du 9 mars 1889. Sénat. Déb. parl., p. 207.

(art. 1ᵉʳ, 3ᵉ alinéa). On a voulu laisser le père absolument maître au foyer domestique et éviter les enquêtes
des inspecteurs dans la famille. La puissance paternelle ne souffre aucune restriction quand l'enfant est
employé dans la maison paternelle avec des parents.
Toutefois les inspecteurs ont le droit d'exercer leur
surveillance dans les ateliers de famille, si le travail
s'y fait à l'aide de chaudière à vapeur ou de moteur
mécanique, ou si l'industrie exercée est classée au
nombre des établissements dangereux ou insalubres
(article 1ᵉʳ, 4ᵉ alinéa).

L'intervention de l'inspecteur se justifie dans ce cas
par l'intérêt de la sécurité de l'enfant. Aussi son rôle,
a dit M. Waddington, dont l'amendement adopté
constitue le texte qui nous occupe, « sera absolument
« limité; il aura à vérifier simplement si les enfants
« ne sont pas employés dans des conditions contraires
« à l'hygiène et à la sécurité générale du travail. » (1)

190. L'enfant ne peut pas être employé par les
patrons avant l'âge de treize ans révolus (la loi
de 1874 fixait l'âge d'admission dans les ateliers à
douze ans), à moins qu'il n'ait un certificat d'études
primaires ; dans ce cas il peut être employé depuis
douze ans (art. 2, 1ᵉʳ et 2ᵉ alinéas). Néanmoins l'enfant
de douze ans ne saurait être admis au travail sans un
certificat d'aptitude physique délivré par un des
médecins chargés de la surveillance du premier âge
(article 2, 3ᵉ alinéa). Et il est réservé aux inspecteurs
le droit de faire procéder à un examen médical des
enfants âgés de moins de seize ans pour savoir si le
travail excède leurs forces ; si le médecin se prononce
dans ce sens, les inspecteurs peuvent exiger le renvoi

---

(1) Journ. Off. du 27 oct. 1891. Sénat, séance du 26 oct. 1891,
Déb. parl., p. 689.

de l'enfant, après examen contradictoire au cas où les parents le réclament (art. 2, 4ᵉ et 5ᵉ alinéas).

191. Il est interdit d'employer les enfants de moins de seize ans à un travail effectif de plus de dix heures par jour ; de seize à dix-huit ans ils ne pourront faire plus de onze heures de travail journalier, et ce travail ne saurait excéder soixante heures par semaine (art. 3, 1ᵉʳ et 2ᵉ alinéas). Les filles au-dessus de dix-huit ans ne peuvent faire plus de onze heures de travail effectif journalier (art. 3, 3ᵉ alinéa). Enfin les heures de travail doivent être coupées par des repos (art. 3 *in fine*).

192. Des dispositions spéciales interdisent aux jeunes gens de moins de dix-huit ans et aux filles mineures le travail de nuit et posent le principe du repos hebdomadaire (art. 5). Quant au travail souterrain, absolument interdit aux filles, il est réglementé pour les jeunes gens jusqu'à l'âge de dix-huit ans (art. 9 et décret portant règlement d'administration publique du 3 mai 1893).

193. Un grand pouvoir réglementaire est laissé au gouvernement pour déterminer les travaux interdits aux enfants et aux filles mineures comme excédant leurs forces ou dangereux pour leur moralité (art. 12 et 13. Décret du 13 mai 1893. Arrêté ministériel du 31 juillet 1894. Décret du 15 juillet 1893).

194. La partie la plus originale de la loi du 2 novembre 1892, celle qui indique l'idée du législateur, déjà manifestée par la loi du 24 juillet 1889, de protéger la moralité de l'enfant, est l'article 8 interdisant l'emploi des enfants des deux sexes âgés de moins de treize ans dans les théâtres et cafés-concerts sédentaires.

195. La loi du 7 décembre 1874 relative à la protection des enfants employés dans les professions ambulantes avait commencé l'œuvre ; mais elle laissait en dehors de ses prévisions les situations dont il s'agit. Les commissions scolaires de plusieurs arrondissements de Paris avaient signalé au ministre de l'instruction publique et des beaux-arts les inconvénients de l'emploi des enfants dans les représentations de théâtres, féeries, etc. Le préfet de police saisi de ces plaintes avait fait savoir qu'il ne se croyait pas, en l'état de la législation, le droit d'intervenir. L'article 8 de la loi de 1892 a complété cette lacune ; il est ainsi conçu : « Les enfants des deux sexes, âgés de « moins de treize ans, ne peuvent être employés « comme acteurs, figurants, etc., aux représentations « données dans les théâtres et cafés-concerts séden- « taires. Le ministre de l'instruction publique et des « beaux-arts à Paris et les préfets dans les départe- « ments, pourront exceptionnellement autoriser « l'emploi d'un ou plusieurs enfants dans les théâtres « pour la représentation de pièces déterminées (1) ».

196. On peut regretter que cette mesure édictée par le Parlement dans un but d'hygiène et de moralisation, ait été restreinte aux enfants de moins de treize ans. Tout concourt à démontrer que la nécessité de la prohibition se fait sentir jusqu'à la majorité des jeunes gens et des jeunes filles, ou tout au moins jusqu'à l'âge de dix-huit ans.

197. Telles sont depuis la loi du 24 juillet 1889 les seules dispositions légales qui aient porté des atteintes et des restrictions à la puissance paternelle organisée par le Code civil.

---

(1) Voir sur l'application de cet article la circulaire ministérielle du 26 janvier 1893. Journ. Off. du 27 janvier.

APPENDICE

---

198. Pour être complet nous devons dire quelques mots d'une proposition de loi votée en seconde lecture à la Chambre des Députés et portant atteinte aux principes de la puissance paternelle tels qu'ils sont consacrés par notre Code. Il s'agit de la proposition de loi de M. l'abbé Lemire tendant à modifier plusieurs dispositions légales relatives au mariage, dans le but de le rendre plus facile.

199. Dès le 2 juillet 1888 M. Félix Le Roy avait déposé une proposition dans le même sens. Mais elle n'aboutit pas ; nous n'avons donc à nous occuper que de celle qui a été déposée par M. Lemire le 15 mars 1894 (1).

200. L'abbé Lemire a voulu lutter dans la mesure du possible contre le péril social résultant du concubinage dont bien des exemples sont involontaires et ont pour cause les formalités nombreuses et lentes qui précèdent la célébration du mariage. Les futurs époux, a-t-on dit, finissent par se lasser, et le mariage devient un luxe, luxe de temps, luxe d'argent.

---

(1) Voir texte et rapport. Journ. Off. 1894. Doc. parl. Chambre. Annexe n° 841.

Rendre les formalités nécessaires moins coûteuses a été l'un des buts poursuivis avec raison et sur lequel nous n'avons pas à insister.

Réduire les formalités, et notamment modifier les règles relatives aux actes respectueux, tel est aussi l'objet de la proposition votee par la Chambre des Députés et que nous examinerons rapidement parce qu'elle restreint l'autorité des père et mère ou autres ascendants.

201. Le Code civil (art. 148) pose en règle que le fils mineur de vingt-cinq ans et la fille mineure de vingt-un ans ne peuvent contracter mariage sans le consentement de leurs parents. A partir de cette majorité matrimoniale le consentement de ceux-ci n'est plus indispensable, mais il doit être requis par trois actes respectueux renouvelés de mois en mois jusqu'à trente ans pour les fils et vingt-cinq ans pour les filles, et depuis cet âge par un seul acte après lequel, le délai d'un mois écoulé, il pourra être passé outre à la célébration du mariage (art. 151, 152 et 153).

202. M. Charles Ferry voulait, dans le but d'activer la constitution des familles, qu'à partir de vingt-cinq et vingt-et-un ans on pût contracter mariage sans être tenu de solliciter le consentement de ses père et mère. La commission n'a pas partagé cette manière de voir; elle a considéré qu'il y aurait dans une mesure aussi radicale une atteinte trop grave à la puissance paternelle qu'il faut plus fortifier qu'affaiblir. L'amendement de M. Ferry a été heureusement rejeté (1).

---

(1) Journ. Off. du 3 avril 1895. Séance du 2 avril. Chambre. Déb. parl., p. 1174 et suiv.

203. La modification porte sur le nombre des actes respectueux qui est réduit à un seul à partir de la majorité matrimoniale. Un mois après cet acte, le mariage est possible. Il est permis de se demander si cette réduction sera profitable et si elle ne nuira pas plutôt à l'intérêt de l'enfant. Les actes respectueux en définitive ne sont pas seulement la manifestation de la déférence que le descendant doit à ses ascendants, un seul acte satisfait ce sentiment de déférence : les actes respectueux sont aussi une protection contre les égarements de la passion. Ils donnent à l'enfant le temps de réfléchir, de se calmer, et plus d'une fois peut-être le délai qu'ils nécessitent a empêché des jeunes gens de faire un coup de tête.

204. Je ne crois pas cependant qu'il faille faire un reproche au législateur. En supprimant deux actes respectueux il a agi sous l'empire d'une préoccupation qui se comprend à merveille en l'état de nos mœurs. Je ne saurais mieux faire que de citer les paroles de M. Ch. Ferry à ce sujet (1). « Il faut partir « de cette idée que nous nous trouvons en face d'une « situation économique à laquelle il importe de porter « remède... Eh bien ! je dois le dire, cet aveu dût-il « me coûter, je me défie peut-être un peu des conseils « qu'on est convenu d'appeler les conseils de la rai- « son... Si l'enfant est trop jeune, on lui dit : Il faut « que tu aies une position, tu ne peux pas te marier « sans avoir de position, mon enfant... Or, vous savez, « en France, à quel âge le jeune homme a une posi- « tion !... Ou bien si les deux futurs conjoints ne « possèdent rien, on se sert d'un autre adage, dont je

---

(1) Journ. Off. du 3 avril 1895. Séance du 2 avril. Chambre. Débats parl., p. 1176.

« vous prie de pardonner la familiarité et qui consiste
« dire : Quand il n'y a plus de foin au ratelier, les
« ânes se battent... Si le jeune homme a de la fortune
« et veut épouser une fille sans fortune, la prudence
« bourgeoise lui murmure à l'oreille : tu apportes le
« le dîner, il faut que ta fiancée apporte le déjeuner...
« Voilà ce qu'est cette grande prudence paternelle
« dont vous voulez faire une condition absolue du
« mariage. »

Si l'on se place au point de vue social, on reconnaî-
tra sans doute que la séduction de la passion conduira
à des mariages que la raison n'aurait pas conseillés.
Mais des passions qui mènent au mariage ne sont pas
de nature à nous effrayer.

205. L'innovation qu'il faut regretter est relative
à la suppression des actes respectueux notifiés aux
aïeuls et aïeules lorsque les père et mère sont décédés
ou dans l'impossibilité de manifester leur volonté.
La proposition de loi laissait subsister la nécessité
de cet acte respectueux qui ne pouvait, pas plus que
pour les père et mère, lasser la patience des futurs
époux, mais qui était à la fois une sauvegarde pour
l'enfant en l'obligeant à réfléchir et un témoignage
de déférence envers ceux qui tiennent la place de ses
parents.

M. l'abbé Lemire a trouvé que c'était trop, et sans
se préoccuper de la puissance paternelle à laquelle il
allait porter un coup funeste, il a déposé un amendement voté par la Chambre et supprimant la nécessité
de l'acte respectueux envers les aïeuls et aïeules (1).

Le seul argument invoqué est que la population

(1) Journ. Off. du 3 avril 1895. Séance du 2. Chambre. Débats
parl., p. 1184.

ouvrière étant essentiellement nomade, les enfants ne peuvent savoir si leurs aïeuls et aïeules vivent encore, ni où ils se trouvent ; de là des recherches coûteuses et des pertes de temps.

206. Cependant ce qui peut exister pour les aïeuls et aïeules peut exister aussi pour les père et mère, et en bonne logique il aurait fallu dispenser l'enfant des actes respectueux même à l'égard de ces derniers. La commission du reste avait proposé un paragraphe permettant la célébration du mariage sur la production d'un certificat établissant la situation à laquelle on voulait remédier et délivré par le maire du lieu où les ascendants avait leur dernier domicile ou leur dernière résidence connus (1). Il était donc absolument inutile de supprimer l'acte respectueux dans tous les cas pour venir en aide à quelques-uns seulement, et de briser les liens qui unissent les membres de la famille sous prétexte d'aider à sa constitution.

207. Signalons en terminant une autre disposition aussi acceptée par la Chambre et remplaçant celle de l'article 152 du Code civil abrogé comme l'article 153. Au cas où les parents sont divorcés ou séparés de corps, le consentement de celui des deux époux au profit duquel la séparation ou le divorce aura été prononcé et qui aura obtenu la garde de l'enfant suffira. On fait du droit de consentir au mariage, et avec raison, l'accessoire des droits de garde et d'éducation.

208. La proposition Lemire adoptée par la

---

(1) Journ. Off. du 3 avril 1895. Séance du 2. Chambre. Débats parl., p. 1183.

Chambre n'est pas encore venue en discussion au Sénat. Espérons que cette assemblée en l'adoptant se montrera plus respectueuse des droits des aïeuls et aïeules et rétablira, en ce qui les concerne, la nécessité pour l'enfant de solliciter leur conseil par un acte respectueux.

Vu :

A. TISSIER.

Vu : *Le Doyen,*

E. BAILLY.

Vu et permis d'imprimer :

Dijon, le 27 juin 1895.

Le Recteur,

G. BIZOS.

TABLE DES MATIÈRES

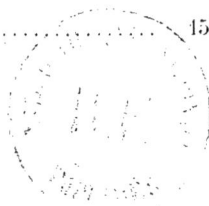

Imp. Barbier-Marilier, 48, rue des Forges et rue Jules-Mercier, 8, Dijon.

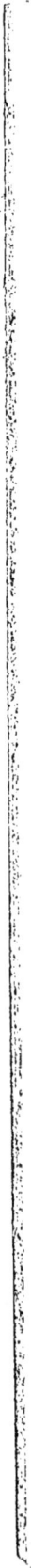

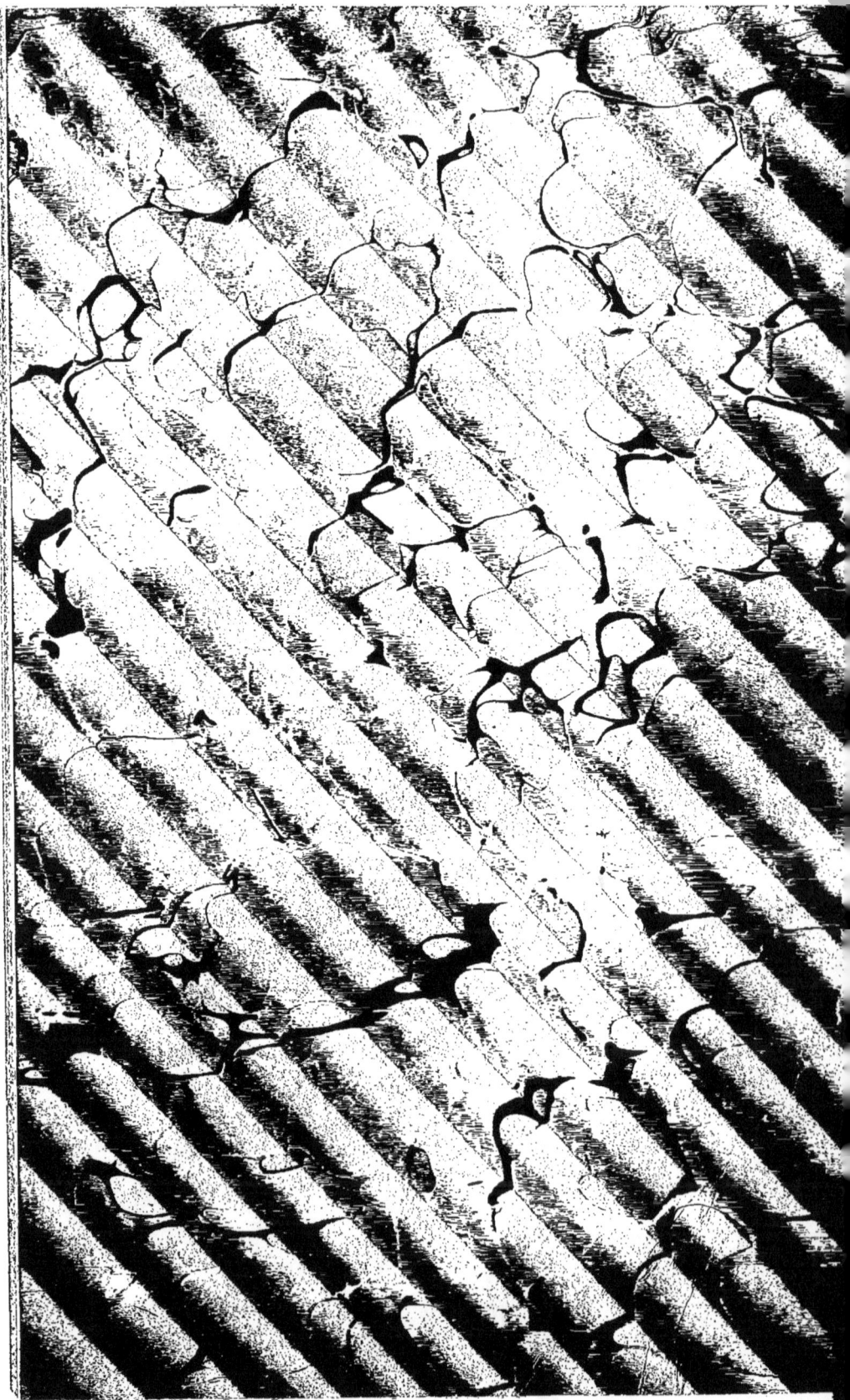

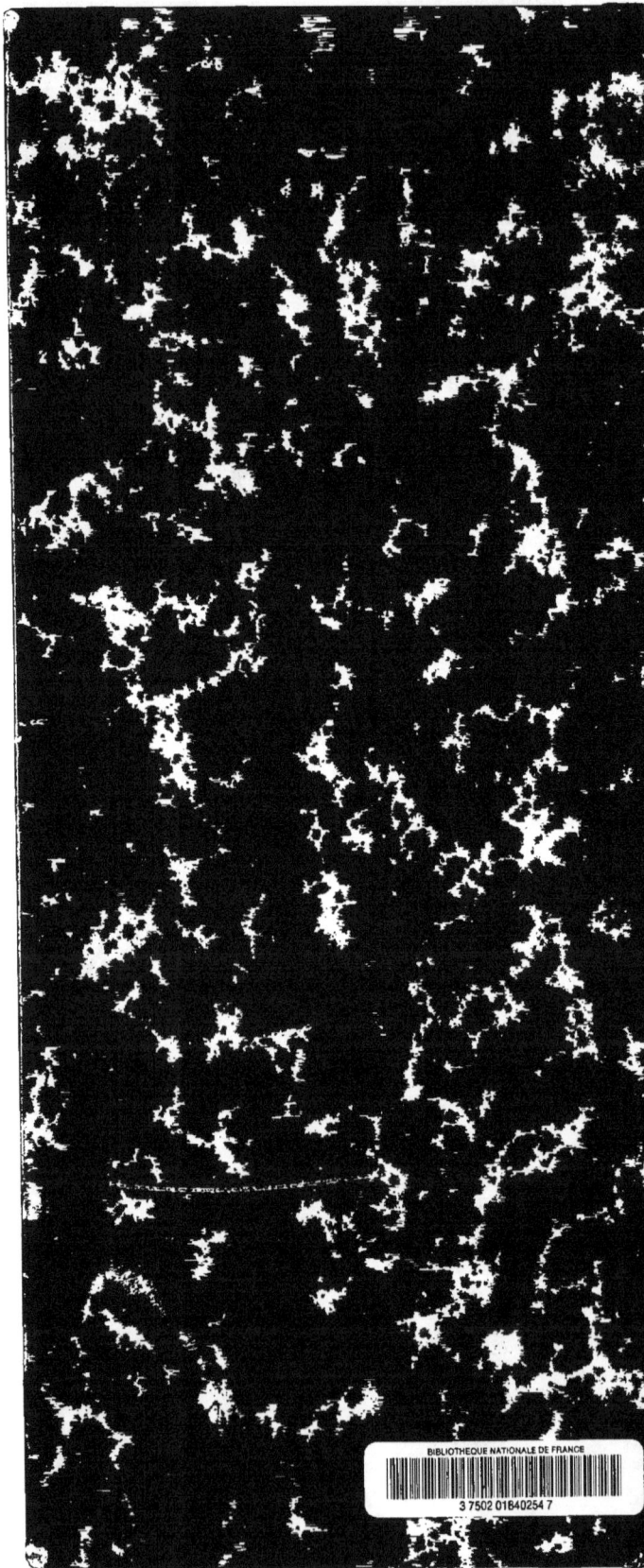